Der kleine «Charly» merkt schon früh, dass sein Zuhause anders ist als das seiner Mitschüler. Sein Vater, genannt Dakota-Uwe, ist die rechte Hand des Königs von St. Pauli, Wilfrid Schulz. Der Mann fürs Grobe und doch ein liebevoller Vater. Ein Aufsteiger im Milieu, der am Ende scheitert. Das Buch erzählt die Geschichte einer Kindheit im Milieu der siebziger und achtziger Jahre, der sogenannten goldenen Zeit St. Paulis; von Begegnungen mit Hell-, Halb- und Unterweltgrößen, darunter Prominente wie Uwe Seeler, Horst Frank, Jürgen Roland und Paul Kuhn oder Kiez-Größen wie Hanne Kleine, Ringo Klemm, Stefan Hentschel und «Sachsen-Franky». Eine Kindheit, die das Gegenteil von normal ist.

Uwe Carstens ist Gastronom, verheiratet und Familienvater. Er lebt und arbeitet in Hamburg.

Harald Stutte, Jahrgang 1964, studierte Politikwissenschaft und Geschichte. Er arbeitet als Redakteur im Medienverlag RedaktionsNetzwerk Deutschland. Texte von ihm sind in diversen überregionalen Zeitungen wie der «Frankfurter Allgemeinen Sonntagszeitung», der «Süddeutschen Zeitung» oder der «Welt am Sonntag» erschienen. Geboren in Leipzig, lebt er seit 1985 in Hamburg.

Uwe Carstens & Harald Stutte

DER KLEINE VON DAKOTA-UWE

Meine Kindheit auf St. Pauli

Rowohlt Taschenbuch Verlag

Originalausgabe
Veröffentlicht im Rowohlt Taschenbuch Verlag,
Hamburg, September 2021
Copyright © 2021 by Rowohlt Verlag GmbH, Hamburg
Lektorat Frank Strickstrock
Covergestaltung zero-media.net, München
Coverabbildung Privat; FinePic®, München
Satz aus der Adriane Text
bei Pinkuin Satz und Datentechnik, Berlin
Druck und Bindung GGP Media GmbH, Pößneck, Germany
ISBN 978-3-499-00556-5

FSC
www.fsc.org

MIX
Papier aus verantwor-
tungsvollen Quellen
FSC® C014496

INHALT

Christian? Uwe. Charly! 7
... und dann Charly +++ Goldgräberzeit auf St. Pauli +++
Der Flüchtlingsjunge im Golfclub

Dakota-Uwe und der König von St. Pauli 29
Ringo +++ Anni und die «Tiger aus der Fischerstraße»
+++ Dakota und das Girl aus dem «Golden Nugget»

Charly, das Ganoven-Kid 45
Dakota, König der Abzocker +++ Im spießigen
Blankenese

Der Coup von Travemünde 65
Die Cosa Nostra auf St. Pauli

Meine Entführung – zum Glück gescheitert 79
Der Mafioso im Bettkasten

Die Geldbündel flogen aufs Fensterbrett 91
Bud Spencer, Zinksärge und Goldjungen +++
Dakota-Uwe ist nicht zu bremsen

Knietief im Hamburger Sumpf 107
Ein Umschlag voller Geld +++ Sehnsucht nach
Normalität

Auffallend unauffällige Nachbarn 125
Die Spitzel werden bespitzelt

Ende einer Kiez-Karriere 137
«Papa ist zur Kur» +++ Schlag gegen das organisierte
Verbrechen

Eine Zelle in Celle 153
Charly will zur Polizei +++ Mutter fehlt der Imbiss-Boss

König vor Gericht 167
Ende einer Freundschaft +++ Das «Lütt Döns»

Freiheit auf Zeit 181
Hannes Gutschein +++ ... wird eingelöst

Charly geht eigene Wege 199
USA oder Othmarschen?

Ungewissheit 209

**Statt eines Schlusswortsi
Franz, Barbier auf St. Pauli** 215

Bildnachweise 224

CHRISTIAN?
UWE.
CHARLY!

Am ersten Tag meines Lebens hieß ich Christian. Ich war in der Finkenau zur Welt gekommen, einer längst geschlossenen Geburtsklinik im Hamburger Stadtteil Uhlenhorst. Das war im Mai 1971. Willy Brandt war Bundeskanzler, Borussia Mönchengladbach steuerte zum zweiten Mal die deutsche Meisterschaft an, und «Butterfly» von Danyel Gérard war der Hit des Jahres. Schlaghosen und Hot Pants prägten das Straßenbild.

Mein Vater hatte die anstehende Geburt zwei Tage lang kräftig mit Freunden gefeiert, dem Musiker Paul Kuhn und dem Schauspieler Günter Pfitzmann. Illustre Freunde, die der damals 28-jährige Gastronom Uwe Carstens da hatte, in diesem Fall aber weit weg in Berlin. Jedenfalls kämpfte die ebenfalls 28-jährige Anni, meine Mutter also, einen recht einsamen Kampf, bis ich endlich da war. Die Anwesenheit der Väter bei der Geburt war allerdings damals gar nicht gestattet.

Sie wird nicht lange nachgesonnen haben, als die Krankenschwester nach dem Namen für den neuen, männlichen Erdenbürger, mich also, fragte. «Christian», brachte sie hervor, erschöpft von der Niederkunft. In den

70er Jahren hießen ja viele Kinder Christian, Thomas, Jürgen, Uwe ... Namenssuche war damals kein großes Ding, niemand wollte aus der Reihe tanzen und sein Kind «Galaxos» nennen oder «Speedy». So etwas gab es erst später.

So hing also kurze Zeit später ein Zettel mit der Aufschrift «Christian» an meinem Bettchen. Aber nicht lange. Als einen Tag später mein Vater eintraf, riss er das «Christian»-Schildchen mit einem kräftigen Wischer seiner Pranke beherzt vom Bett und bestimmte bündig: «Christian? Ach was, du bist Uwe!» Keine 24 Stunden auf der Welt, und ich hatte bereits meinen zweiten Namen. Fortan war ich «der kleine Uwe», denn der große Uwe, das war mein Vater selbst. Der Kleine von «Dakota-Uwe», wie ihn alle nannten. Warum das so war, dazu komme ich später. Ich hieß also fortan Uwe, jedenfalls die nächsten sechs Jahre, bis ich eingeschult wurde – im schönen Hamburger Stadtteil Blankenese, in dem wir damals lebten.

Blankenese, das sei für alle Auswärtigen erwähnt, ist einer der wohlhabendsten, intaktesten, privilegiertesten Stadtteile Hamburgs, elbnah gelegen, sehr grün und mit ausreichend Abstand zum sündigen St. Pauli oder zu den sozialen Brennpunkten südlich der Elbe und im Osten. Wer im Gespräch mit Fremden fallenlässt, er wohne in Blankenese, darf sich eines kurzen bewundernden Moments sicher sein. Blankenese ist eine Idylle wie aus dem Katalog: schmucke kleine Häuschen, dicht gewachsene Alleen, grüne Parkinseln, und das alles mit der Elbe im Hintergrund. Wer in Blankenese wohnte, der gehörte zur gediegenen hanseatischen Bürgerlichkeit.

Dort kam ich also im September 1977 in die Schule Frahmstraße, fand auch gleich in meinen ersten Tagen neue Freunde, die hießen Christian (!), Thomas oder Philipp und kamen aus gutem Hause. Die Mädchen gingen nach der Schule reiten, die Jungen spielten Hockey. Fast jeder meiner neuen Mitschüler lernte ein Instrument – Cello, Geige, Klavier. Meine Klasse hätte ein Orchester bilden können. Mich hatte niemand zum Erlernen eines Instruments genötigt. Dafür war ich im Judoverein und habe in unserem Garten an einem Baumhaus gewerkelt. Das lag mir mehr, als Geige zu lernen.

Es herrschte ein recht ausgeprägtes Markenbewusstsein, unsere Schulranzen mussten von Scout sein, die Klamotten von Benetton oder Lacoste. Denn in Blankenese fiel man auf, wenn man mit einem gebrauchten No-Brand-Produkt zur Schule kam oder gar in Jingler-Jeans von C&A herumlief.

Ich wurde neben einen pummeligen, unsportlichen Jungen gesetzt, der Volker hieß. Ich glaube, die Sitzordnung in der Klasse hatte etwas mit dem Anfangsbuchstaben des Nachnamens zu tun – Carstens wurde eben neben Bayer platziert. Volker war nett und ziemlich schlau, wir freundeten uns an. Da wir in derselben Straße wohnten, habe ich ihn morgens abgeholt, und wir gingen zusammen zur Schule.

So weit schien alles normal. War es aber nicht. Das musste ich bitter erfahren, als einige Tage später unsere Klassenlehrerin Frau von Lojewski, die ganz nebenbei die Ehefrau des bekannten Fernsehjournalisten Wolf von Lojewski war, uns der Reihe nach fragte, was unsere Eltern für einen Beruf hätten. Der alphabetischen Reihenfolge wegen war ich einer der Ersten, die aufgerufen wurden. Während die «As» und «Bs» brav herunterspulten, dass ihre Väter «Architekt», «Chirurg» oder «Kaufmann» waren, fiel mir ein, dass ich gar keine Ahnung hatte, was mein Vater beruflich machte. Und das jagte mir einen Schrecken ein. Dass meine Mutter Hausfrau war, das immerhin wusste ich. Aber Papa? Der ging aus dem Haus, kam wieder und machte irgendwie wichtige Dinge, denen zu Hause alles andere untergeordnet wurde.

Noch ehe ich tiefer darüber nachdenken konnte, war ich an der Reihe. «Und deine Eltern, Uwe, was ist deren Beruf?», flötete Frau von Lojewski und lächelte mich freundlich an.

«Meine Mama ist zu Hause, und mein Papa geht arbeiten», antwortete ich, hoffend, dass das genüge. Alles lachte.

«Das habe ich mir schon gedacht», sagte Frau von Lojewski, «aber was macht dein Papa denn, wenn er arbeiten geht?» Ich hob bedauernd die Schultern, verzog den Mund und sagte: «Das weiß ich nicht.» Dann setzte ich mich.

«Dann fragst du deinen Papa zu Hause und erzählst es uns morgen.» Und schon war der Nächste dran.

Das wurde ja heiter. Ich war nicht nur der Einzige, der kein Instrument spielte, sondern auch der Einzige, der die Arbeit seines Vaters nicht beschreiben konnte. Dafür schämte ich mich. Ich wollte das unbedingt klären.

Ich wusste wirklich nicht, was er so trieb. Oft kam er erst morgens nach Hause. Es kamen viele «Kollegen» oder Geschäftspartner vorbei, stets im feinsten Zwirn. «Onkel Wilfrid» zum Beispiel, Wilfrid Schulz. Der Schauspieler Horst Frank und andere. Oft roch es dann im Haus seltsam, denn sie rauchten zusammen lange Pfeifen mit einem ganz kleinen Kopf am Ende – Opium, wie ich später erfuhr. Fest stand, dass Papa ein wichtiger Mann war, den auf der Straße viele Menschen grüßten, vor dem jeder Respekt hatte und über den man mit Ehrfurcht sprach. Und dass unter dem Bett meiner Eltern stets eine abgesägte Schrotflinte lag, zudem auf dem Nachttisch ein Revolver. Ich wusste, dass ich das keinem sagen durfte. Und dass immer, wenn Papa von der «Arbeit» kam, ein dickes, mit einem Gummiband zusammengehaltenes Geldbündel auf die Marmorplatte über dem Heizkörper segelte – zu den anderen Geldbündeln, die dort schon lagen.

«Papa, was bist du eigentlich von Beruf?», fragte ich ihn am Abend. Und fügte umgehend hinzu: «Frau von Lojewski hat uns heute nach dem Beruf unserer Eltern gefragt.»

Mama und Papa fingen umgehend an zu lachen, warum auch immer. «Und was hast du gesagt?», fragte Mama.

Ich zuckte die Achseln und antwortete: «Ich habe gesagt, ‹keine Ahnung›. Ich wusste es nicht. Ist das schlimm?»

Dann wurde Papa ganz sachlich: «Wir haben doch Casinos auf der Reeperbahn, also sag deiner Lehrerin, wenn sie wieder fragt, dass dein Vater Kaufmann ist und ein Casino auf der Reeperbahn hat.»

Das klang gut!

Tatsächlich war mein Vater damals Inhaber des Saint-

James-Clubs am Spritzenplatz im Herzen von Ottensen, der Bundspecht-Klause in Lurup, war an einem Puff in der Silbersackstraße und einer Bar in der Großen Freiheit beteiligt, doch dazu komme ich später noch.

Fürs Erste war ich froh, am nächsten Tag etwas sagen zu können, das großen Eindruck hinterlassen würde, davon war ich überzeugt. Ich wusste zwar nicht genau, was ein Casino ist, aber es klang besser als ein Bäckerladen oder eine Würstchenbude.

... und dann Charly

Die gründliche Frau von Lojewski hatte natürlich nicht vergessen, dass es in dieser neuen Klasse ein Kind gab, über dessen elterlichen Hintergrund sie noch nicht informiert war. Rückblickend glaube ich wirklich, es hat sie persönlich interessiert – weil man in Blankenese einfach über den Beruf der Eltern, das Einkommen also, definiert wurde. Vielleicht aber wusste sie auch längst, wessen Kind ich war.

«Und, Uwe, was ist dein Vater nun von Beruf?», fragte sie, als der Unterricht kurz vor dem Ende stand. Ich war froh darüber, hatte ich doch befürchtet, der Klasse eine Antwort schuldig zu bleiben. Das hätte Raum für Spekulationen eröffnet. Vielleicht hätten sie gedacht, meine Eltern seien arbeitslos oder bei der Müllabfuhr – für mich damals der Beruf, der unter Freunden den schlechtesten Ruf hatte.

«Mein Papa hat ein Casino auf der Reeperbahn», sagte ich mit einem gewissen Stolz. Ich hörte sofort die anderen Mitschüler tuscheln, kichern, dann auch lachen.

Ich verstand es nicht, doch glücklicherweise läutete es schon zur Pause.

«Reeperbahn, Reeperbahn, Nutten, Nutten ...», riefen ein paar Mitschüler auf dem Pausenhof.

Ich war komplett verwirrt und ahnte von diesem Moment an, dass bei uns etwas anders war. Dass ich in eine ganz besondere Familie gehörte. Und dass es irgendwie nicht einfach sein würde mit den anderen Uwes, den Christians, Sabines, mit diesen Instrumente spielenden und hockeybegeisterten Kindern.

So nach und nach verlor das Alphabet als Platzierungsprinzip seine Bedeutung zugunsten der Vorlieben unserer Lehrerin. Die Lieblinge von Frau von Lojewski saßen in den ersten Reihen, gehörten natürlich zur Instrumenten/Pferde/Hockey-Fraktion. Ich saß zusammen mit dem dicken Volker weit hinten. Es machte mir nichts aus, ich fühlte mich ganz wohl dabei. Frau von Lojewski ließ mich indessen spüren, dass ich nicht in die «First Class» gehörte und eigentlich eher ein Ticket für die Holzklasse hatte. Sie begegnete mir mit Arroganz und Kälte.

Ich rächte mich dafür auf meine Weise. Wenn sie angesprochen wurde, legte unsere Klassenlehrerin viel Wert auf den Namenszusatz «von». Als ich merkte, dass sich da zwischen uns diese gewisse Distanz aufgebaut hatte, ärgerte ich sie, indem ich «Frau Lojewski» sagte. «Von, Uwe, von», betonte sie dann stets.

Beim nächsten Mal verweigerte ich das «von» dann wieder. Sie war irre stolz darauf, mit diesem Journalisten verheiratet zu sein, der damals zunächst für die ARD aus den USA berichtete, später die *tagesthemen* und dann lange Jahre das *heute journal* im ZDF moderierte. Damals kannte einfach jeder diese überschaubare Riege von Welterklärern der beiden großen Fernsehanstalten.

Eines Tages zeigte sie uns eine Diashow. Mit ihrem Supergatten paddelte sie auf dem Amazonas herum. Das wirkte etwas angeberisch. Ich erzählte meinem Vater, dass ich sie nicht besonders mochte. Aber auch, dass sie immer Werbung für den Schulverein machte, der einsprang, falls Mitschüler nicht genug Geld hatten, um an Klassenreisen teilzunehmen. Mein Vater wickelte einen roten Schein aus einem der Geldbündel, die bei uns immer herumlagen, steckte ihn in einen Umschlag, klebte ihn zu und gab ihn mir.

«Das sind 500 Mark, gib das Frau Lojewski morgen, entschuldige, von Lojewski», sagte er lachend und zwinkerte mir zu. «Jedes Kind soll die Möglichkeit haben, auf Klassenreise zu gehen», fügte er hinzu.

Die wenigen mittellosen Kinder an unserer Schule kamen aus dem «Osdorfer Born», einer in den späten 60er Jahren errichteten Plattenbausiedlung, einer Kolonie von Außerirdischen ähnlich, die mit ihren Ufos im feinen Hamburger Westen gelandet waren. Den «Born», wie er verknappt genannt wird, gibt es heute noch. Wer damals vom Born kam, war ein «Borner» und «bornerte», sprach oder nuschelte also einen Hamburger Proletenakzent, «Geh mal nach Aldi ...» Oder so.

In den Schulpausen spielten wir Jungs meistens Fußball, erst mit einer platt getretenen Cola-Dose, später dann mit einem Softball. Gleich in den ersten Tagen kam es zum Streit. Zwei meiner Mitschüler meinten, beim Fußball besonders übel foulen zu müssen, vor allem meinen Freund Volker, der insgesamt ziemlich gemobbt wurde, vor allem im Sportunterricht. Ich erzählte meinem Vater zu Hause, der gerade von einem Freund besucht wurde, alles sei so weit in Ordnung, nur ein Mitschüler sei blöde. «Weil er beim Fußball immer foult und uns auch schlägt, zudem meinen Freund Volker immer hänselt, weil der so unsportlich wär.»

«Pass auf, mein Junge, es ist sehr wichtig, dass du dir so etwas nie gefallen lässt. Wenn dein Mitschüler euch morgen wieder schlägt oder hänselt, sagst du ihm, dass er das lassen soll. Wenn er es nicht lässt, musst du ihn besiegen, damit ein für alle Mal Ruhe ist», sagte der Freund meines Vaters, nennen wir ihn in diesem Buch Darius den Perser, auf den ich später noch näher eingehe.

Ich hatte vor dieser Auseinandersetzung mächtigen Bammel und hätte alles gegeben, wäre sie mir erspart geblieben. Doch ich beherzigte den Tipp meines Vaters: Würde ich die Entscheidung jetzt nicht suchen, hätte ich mit diesem Jungen ein dauerhaftes Problem. Nach dem nächsten Foul in der Schulhofecke gab ich ihm «eine mündliche Verwarnung», spulte also den mir von Papas Freund aufgetragenen Text herunter. Er ging sofort auf mich los, und es kam zu einer Rangelei. Er war sehr kräftig, aber ich konnte mich wohl ganz gut wehren. Dabei war mein wöchentliches Judo-Training, das vor allem den Effekt hatte, mein Vertrauen in die eigenen Verteidigungsfähigkeiten zu vergrößern, ganz sicher von Nutzen. Irgendwann lag er auf dem Boden, weinte und blutete aus dem Mund, weil ein Schneidezahn abgebrochen war.

Frau von Lojewski wurde richtiggehend böse auf mich und rief noch am Abend meinen Vater an. Als das Gespräch beendet war, sagte mein Vater zu mir: «Du hast alles richtig gemacht, Junge. Vor dem hast du Ruhe!»

Hatte ich auch. Dafür hatte ich plötzlich einen weiblichen Fan, ein schwarzes, sehr hübsches Mädchen. Sie wollte immer mit mir zusammen nach Hause gehen, wir hatten denselben Schulweg. Eigentlich hatte ich nichts dagegen, aber sie wollte immer Händchen halten – und das ging mir dann doch zu weit. Mädchen interessierten mich einfach noch nicht. Als ich mich losreißen wollte, schlug sie mir ins Gesicht, und dieses Mal verlor ich einen Zahn. Wutentbrannt rannte ich nach Hause und erzählte meinen Eltern davon und sagte: «Seht her, das hab ich nun davon, Frauen und Schwächere darf man ja nicht schlagen, oder?» Meine Eltern haben ziemlich gelacht.

Weit über sechs Jahre war ich schon der Uwe, zumeist aber «der kleine Uwe» oder «Uwilein» genannt, vor allem, wenn ich zu Hause ans Telefon flitzte, an dessen anderem Ende stets jemand war, der eigentlich den «großen Uwe» erwartet hatte. Ich fand, dass es Zeit war, sich namenstechnisch zu verändern. Ich wollte nicht mehr «der kleine Uwe» sein. Also suchte ich angestrengt nach einem neuen Namen, einem Pseudonym, das mich vom «großen Uwe» emanzipierte und nur mir gehörte. Eine Zeitlang nannte ich mich Felix, dann Theodor – am Ende Charly. Ich glaube, den Impuls dazu verdanke ich den lustigen Stummfilmen von Charlie Chaplin oder meiner damaligen Lieblingsserie «Bonanza»; auch da gab es einen «Old Charlie». Dass es dann ein Charly mit Y am Ende wurde, war reiner Zufall – ich konnte ja noch nicht schreiben. Ich fühlte mich wohl als Charly und blieb dann auch dabei: Ich meldete mich mit Charly am Telefon, meine Eltern nannten mich bald so, die Freunde – und irgendwann sogar einzelne Lehrer. Das ist bis heute so: Für die meisten Menschen in meinem Umfeld bin ich Charly. Den «Uwe» – den habe ich damals meinem Vater überlassen.

Goldgräberzeit auf St. Pauli

Der Quell unseres Wohlstandes, die «Arbeits- und Geschäftsgrundlage» meines Vaters, das war St. Pauli. Und das Herz dieses Hamburger Stadtteils, oder besser seine Lebensader, das war und ist die Reeperbahn – 930 Meter lang, umgeben von 800 000 Quadratmetern Kiez, wie die Hamburger den Sperrbezirk auf St. Pauli immer schon nannten. Anfang der 70er Jahre lebten dort 1300 Prostituierte von der Geilheit ihrer Freier. 120 Millionen Mark wurden 1968 in Hamburgs Sex-Business umgesetzt.

Natürlich war St. Pauli immer schon mehr als Sex;

es gab 500 Kneipen, sechs Theater, vier Museen, ein Dutzend Live-Bühnen, Spielhallen, Discos, Leihhäuser, Kioske, Tätowierstuben, Imbissbuden, natürlich auch Sexshops, Striplokale und Sadomaso-Keller, schlecht beleuchtete Straßen, nach Urin stinkende Ecken, vollgekotzte Bürgersteige und dazwischen das bunte Völkchen der St. Paulianer. St. Pauli, das «Revier» meines Vaters, und Blankenese, unser Wohnort, bildeten wohl den größtmöglichen Kontrast in dieser Stadt der Vielfalt.

Die Karriere St. Paulis – oder des Vororts Hamburger Berg, wie die Gegend bis in die Mitte des 19. Jahrhunderts hieß – als Amüsiermeile begann bereits im 17. Jahrhundert. Erste Vorboten des späteren Spaßviertels waren der Spielbudenplatz und ein Jahrmarkt. Um 1900 gab es dort das Panoptikum, es gab das legendäre Theater eines Volkssängers, «Hein Köllischs Universum», «Knopfs Lichtspiele», einen der ersten Vorläufer heutiger Kinos, die Apollo-Säle wurden von den Prostituierten des nahe gelegenen Dammtorwalls aufgesucht. Das «Ballhaus Lausen» und das «Ballhaus Trichter», die «American Bar» und seit 1925 die Bierhalle «Zillertal» drückten St. Pauli ihren Stempel auf. Bereits im sittenstrengen, konservativen Kaiserreich galt St. Pauli als kunterbunte Seite der liberalen Hafenstadt Hamburg. Und stand für etwas garantiert nie: Langeweile.

Deutschland wuchs als europäische Industriemacht, Hamburg zeitgleich als Güterumschlagplatz – und St. Pauli kam die schöne Aufgabe zu, die Besatzungen der vielen Schiffe zu bespaßen, die im Hafen der Be- und Entladung harrten. Es gab undankbarere Aufgaben in einer militarisierten, aufstrebenden Großmacht, wie es Deutschland vor dem Ersten Weltkrieg war.

Seinen geradezu mythischen Ruf über Stadt- und Landesgrenzen hinaus verdankt der Kiez aber den im letzten Jahrhundert entstandenen Filmklassikern wie «Große Freiheit Nr. 7», «Das Herz von St. Pauli» und natürlich Liedern wie «Auf der Reeperbahn nachts um halb eins». Beim Namen Hans Albers schrillten selbst dem unkundigsten Bergbauern die Glocken – war da nicht irgendwas mit Hamburg? Dem verkitschten Leinwand-Image passte sich das reale Leben stets ein Stück weit an: St. Pauli blieb zwar, was es war – wurde aber auch immer ein Stück weit das, wofür es gehalten wurde. Heute wirken die Rotlicht-Rudimente rund um Hopfenallee, Friedrich- und Herbertstraße wie «Kulissen für einen Film, der nicht mehr läuft», wie Udo Lindenberg singt.

Hamburg als weltoffene, liberale Stadt profitierte vom Tourismusmagneten St. Pauli. Bereits Mitte der 50er Jahre waren die ersten Striptease-Bars eröffnet worden. 1964 gründete Hans-Henning Schneidereit das «Safari» an der Großen Freiheit, gezeigt wurde Sex auf der Bühne, mehr oder weniger heimlich. Doch in Wahrheit hatte das St. Pauli der 60er Jahre, in dem der «Aufstieg» meines Vaters begann, mit dem heutigen touristischen Hotspot, mit der von Glamour und Kommerz geprägten Amüsiermeile Hamburgs nur wenig gemein. Das St. Pauli der Nachkriegszeit war eine Art «Biotop» im Wirtschaftswunderland Deutschland, einem von strengen Sitten- und Moralvorstellungen geprägten Land, das sich erst ganz zaghaft neuen Freiheiten zu öffnen begann. Auf

St. Pauli war möglich, was im Rest der Republik streng untersagt war.

St. Pauli war so etwas wie der «Wilde Westen» der biederen Adenauer- und Erhard-Republik. Was dazu führte, dass in den wirtschaftlich so potenten 60er Jahren auf St. Pauli eine Goldgräberstimmung ausbrach. Denn längst zog St. Pauli nicht nur die Seeleute oder US-Marinesoldaten der im Hafen festgemachten Schiffe an, sondern auch rheinländische oder schwäbische Touristen sowie britische und skandinavische Teenager auf Sauftour. Im sittenstrengen Nachkriegsdeutschland wurde viel gearbeitet, es schien, als wolle sich dieses Land für seine Verbrechen durch Fleiß und Arbeit rehabilitieren und Anerkennung gewinnen. Mit der Folge, dass in der Adenauer-Republik gutes Geld verdient wurde.

Gleichzeitig gab es einen enormen Nachholbedarf in Sachen Spaß, allerdings nur begrenzte Möglichkeiten dafür. In den westdeutschen Großstädten wurden nach Feierabend die Bürgersteige hochgeklappt, man saß brav zu Hause vor dem neu erworbenen Fernsehapparat oder lauschte als Paar gemeinsam bei einem Gläschen Eierlikör den Schlagern, die aus der Musiktruhe waberten. St. Pauli bildete die Ausnahme, hier wurde der enorme Appetit auf Spaß, den man so lange vermissen musste, gestillt – gegen Geld, das in Zeiten von Vollbeschäftigung und zweistelligen Tarifabschlüssen bei Lohnverhandlungen locker saß. Und eben auch schnell verdient werden konnte.

St. Pauli hatte unter jungen Glückssuchern, die keine Lust hatten, ihre Lebenskraft in den Fabrikhallen der

Wirtschaftswunder-Republik zu vergeuden, einen Ruf wie einst Klondike zu Zeiten des Goldrausches. Hier konnte jeder reich werden, ohne viel können zu müssen, vor allem ohne Diplom oder Facharbeiterbrief. Auf St. Pauli zählten andere Qualitäten: körperliches Durchsetzungsvermögen, eine gewisse Skrupellosigkeit – vor allem aber brauchte man gute Kontakte.

Der Flüchtlingsjunge im Golfclub

Einer dieser jungen Menschen, die einen Weg suchten, schnell zu Wohlstand zu kommen, ohne dafür viel tun zu müssen, war mein Vater. Ende März 1943, also zwei Jahre vor Kriegsende, war Uwe Carstens als das zweitälteste von fünf Kindern in der vorpommerschen Hansestadt Stralsund an der Ostsee auf die Welt gekommen. Bereits kurz nach Kriegsende siedelte die ganze Familie nach Wedel bei Hamburg über, offensichtlich sahen meine Großeltern in Ostdeutschland unter sowjetischer Besatzung für die Familie keine Zukunft. In Wedel lebten sie zunächst in den für die Nachkriegszeit typischen Nissenhütten, von den Briten erbaute, halbrunde Wohnbaracken.

Opa war ursprünglich Tischler, später arbeitete er als Klavierbauer bei Steinway & Sohn. Mein Vater durchlebte eine typische Nachkriegskindheit – mit den Entbehrungen, die eine klassische Flüchtlingsfamilie trafen.

Sie waren bettelarm, zudem schlug den Fremden in Holstein Misstrauen entgegen. Früh musste er mit anpacken, zunächst als Erntehelfer bei umliegenden Bauern. Er hatte fast jeden Job zu machen, auch wenn er der Familie nur ein paar Pfennige einbrachte. So fing er für die Bauern Ratten, bekam zehn Pfennig pro Tier. Weniger unangenehm, dafür aber anstrengend war es, für einen Klempner die schwere Schottsche Karre, ein im Norden verbreitetes Schubgefährt mit zwei riesigen Speichenrädern, von Wedel bis ganz nach Hamburg zu schieben, vollgepackt mit Toilettenbecken, Rohren oder Heizungskörpern. In der Vorweihnachtszeit musste mein Vater bis in die späten Abendstunden Adventskränze flechten. Das so verdiente Geld lieferte er brav zu Hause ab.

Besser fühlte er sich als Kegeljunge im Gasthof. Sein absoluter Hit – als Caddy im feinen Golfclub Falkenstein in Blankenese. Wenn er den wohlhabenden Clubmitgliedern, zumeist Kaufleute, Unternehmer oder höherrangige Mitglieder der britischen Besatzungstruppe, die Golfschläger im Bag oder einer Umhängetasche hinterherschleppte, dann war es ihm, als falle etwas vom Licht dieser beglückenden Welt auch auf ihn. Hier, unter den Reichen, war der Ton gepflegt, das Schöne galt etwas, das Geld saß locker. Es war der größtmögliche Kontrast zur groben, schmutzigen Welt seiner Eltern.

Ich glaube, in dieser Zeit verspürte mein Vater erstmals diese Sehnsucht nach Wohlstand, Ordnung und Bürgerlichkeit, der er ein Leben lang nachhing. Und die damals für ihn, der er aus einer kinderreichen Flüchtlingsfamilie stammte, fast unerreichbar schien. Was auch immer ihn damals bewegt haben mochte, fest steht, dass in dieser Zeit der Grundstein seiner unerschütterlichen Überzeugung gelegt wurde: Geld ist das Maß aller Dinge. Geld ist der Schlüssel für Anerkennung, Glück, Wohlstand, Freundschaft – für alles.

Ein Erlebnis, das er mir oft schilderte, sagt mehr über seine Kindheit aus als vieles andere: Er kam an einem Märztag vom Spielen etwas zu spät nach Hause. Es gab wegen der Verspätung einen riesigen Ärger und wohl auch «den Arsch voll». Nach der Bestrafung versuchte er unter Tränen, den Grund für sein Zuspätkommen zu rechtfertigen: «Ich dachte, heute darf ich etwas länger draußen bleiben, weil ich doch Geburtstag habe ...» Seine Eltern sahen sich kurz an – sie hatten es glatt vergessen. Das war ihnen dann wohl doch etwas unangenehm.

Ich vermute, dass seine Eltern, mittellos, wie sie als Zugewanderte waren, viel arbeiten mussten und ihre Kinder sich selbst überlassen hatten. Das war eher der Normalzustand. Die Straße erzog die Heerscharen von Kindern, einer ganzen Nachkriegsgeneration ging es so. Man trieb sich in der schulfreien Zeit draußen herum, rauchte, klaute, raufte. Überall gab es noch Ruinen, lagen Blindgänger herum, es kursierten illegale Waffen aus dem Krieg. Kurzum, es herrschte vielfach noch Chaos. Jeder träumte vom Aufstieg, der damals nicht unbedingt mit Bildung in Zusammenhang gebracht wurde. Es galt das Recht des Stärkeren.

Nachdem er die Schule nach der 8. Klasse im Alter von 14 Jahren verlassen hatte, folgte mein Vater dem Lockruf der «großen Stadt» Hamburg. Er begann zunächst eine zweijährige Ausbildung zum Kfz-Mechaniker in einer Tankstelle und Autowerkstatt in Blankenese. Die Tankstelle an der Rissener Landstraße, heute gehört sie zu Shell, existiert immer noch. Er zog alsbald zu Hause aus, lebte ein paar Wochen lang am Bismarck-Denkmal oberhalb der Landungsbrücken auf der Straße. Anfang Januar 1962, mit 18, heuerte er erstmals auf einem Schiff an, zunächst als Schiffsjunge, später als ausgelernter Vollmatrose oder «Schmierer», als Schiffsmechaniker also.

Davon träumten damals viele junge Männer. «Zur See fahren» verhieß, frei zu sein, der Enge zu entfliehen, etwas von der Welt zu sehen, Kameradschaft, Abenteuer und nebenbei ein ordentliches Einkommen. Doch diese Klischees verdankten sich den Abenteuer-Erzählungen eines Jack London oder Joseph Conrad, mit der Realität hatten sie nichts zu tun. Immerhin: «Gutes Geld» habe er damals verdient, beteuerte er oft. Das schickte er stets nach Hause an seine Eltern. Die sollten es für ihn aufbewahren, bis er mal zurückkomme.

Damals hatten die Schiffe noch lange Liegezeiten in den Häfen, ein Umstand, von dem auch St. Pauli profitierte, denn so hatten die Seeleute Zeit, rund um den Hafen Geld auszugeben. Während eines solchen Aufenthaltes seines Schiffes in New York besuchte mein Vater einen Teil seiner Familie, der vor dem Krieg ausgewandert war. Seinem Onkel haftete das Klischee eines Mannes an, der es in Amerika «geschafft» hatte, so wurde in der Familie oft erzählt. Tatsächlich holte er meinen Vater in einem offenen Straßenkreuzer vom Hafen ab und zeigte ihm «The Big Apple». Das war damals noch etwas ganz Besonderes. Reisen war populär, doch nur wer es sich leisten konnte, hatte vielleicht Italien oder Spanien besucht. Amerika zu sehen, blieb für die meisten Deutschen damals ein schöner Traum.

Mein Vater erzählte später begeistert davon und war besonders stolz auf eine Episode, die ihn beinahe ins Gefängnis gebracht hatte. Zusammen mit Freunden und Kollegen gingen sie abends essen und kamen auf die Idee, noch einen Club zu besuchen. Vor dem Club, den mein Vater ansteuerte, wollte einer seiner neuen Freunde jedoch wieder umkehren, sagte dann aber: «Ich warte hier draußen auf euch.»

Mein Vater fragte: «Warum das denn? Komm doch mit rein ...»

Da sagte sein schwarzer Freund: «Leute wie ich dürfen da nicht rein.»

Doch da kannte er meinen Vater schlecht: «Du kommst mit, das kläre ich mit dem da an der Tür schon.»

Der Türsteher gab sich unnachgiebig: «No entry for n...», benutzte er ein übles rassistisches Schmähwort – und bekam auch schon die Faust meines Vaters zu spüren. «Mein Freund hier kommt mit», sagte mein Vater dem am Boden liegenden Mann, dann wurde er von herbeigerufenen Polizisten überwältigt. Die Nacht musste er in einer Zelle verbringen.

«Was habe ich dir gesagt? Das hier ist Amerika ...», sagte sein Freund, als er ihn von der Wache abholte, nachdem die Hamburger Reederei ihn herausgekauft hatte. Zusammen eroberten sie anschließend Harlem, das schwarze Viertel von New York. Hier konnten sie auch gemeinsam

Clubs besuchen, wo er von allen anderen gefeiert wurde als der, der gegen Rassenschranken aufgestanden war. Im Club war er der einzige Weiße.

Wenn er später diese Geschichte erzählte, fühlte er sich stets ein wenig wie die schwarze Bürgerrechtlerin Rosa Parks, die sich im Bus geweigert hatte, für eine weiße Lady aufzustehen. Oder wie Martin Luther King. «Das war die beste und lustigste Party, auf der ich je gewesen bin», meinte er.

DAKOTA-UWE UND DER KÖNIG VON ST. PAULI

Als mein Vater nach über zwei Jahren im Sommer 1964 zurück nach Hamburg kam und seine Eltern in Wedel besuchte, um etwas von dem Geld abzuholen, das er auf See verdient und regelmäßig nach Hause geschickt hatte, traf er seine Mutter an der Tür, als sie gerade im Begriff stand, das Haus zu verlassen. Kurz angebunden sagte sie bedauernd: «Ach, Junge, das Geld ... Das ist alles draufgegangen, deine Geschwister, du weißt ja, es fehlt überall ...» Sein Blick fiel auf den Pelzmantel, den sie trug – und er wusste Bescheid. Er machte auf der Stelle kehrt. Mehrere tausend Mark hatte er verdient, keinen Pfennig davon sollte er je wiedersehen.

Ein erstes Vorspiel auf dem Kiez schloss sich an. Viele ehemalige Seeleute, die etwas Geld verdient hatten und an Land eine Existenz gründen wollten, investierten auf St. Pauli ins Amüsiergeschäft. Denn sie brachten ja dazu ideale Voraussetzungen mit: die richtigen Kontakte, etwas Startkapital und die Fähigkeit, sich in einem rauen, von Männern dominierten Umfeld durchzusetzen.

Durch genau solche Kontakte wurde mein Vater für zwei Jahre Geschäftsführer der Dakota-Bar am Hans-

Albers-Platz. Dort begegnete er auch später, nach einem weiteren, kurzen Intermezzo auf See, einem Mann, der sein Leben verändern sollte: Wilfrid Schulz, Jahrgang 1929, ein echtes St-Pauli-Gewächs.

Schulz war damals Ende 30, 1,80 Meter groß, stets elegant gekleidet, trug gern gestreifte Sakkos und Krokodillederschuhe, ein Mann mit guten Umgangsformen. Aber als ehemaliger Hobbyboxer war er auch für seine zerstörerische Rechte gefürchtet. Er trug den damals in Ludenkreisen, aber nicht nur dort, äußerst populären Minipli-Haarschnitt, also diese kleinen Locken, die man später vor allem mit Thomas Gottschalk in Zusammenhang bringt. In Hamburger Zeitungen, in der Öffentlichkeit, aber auch in der Halbwelt wurde Wilfrid Schulz «Frida» genannt, angeblich in Anspielung auf eine Blumenverkäuferin. Ich jedenfalls habe nie gehört, dass er im «Inner Circle» des Milieus so genannt wurde. Was auch nicht verwundert, denn er soll diesen Namen gehasst und entsprechend aggressiv auf ihn reagiert haben.

Schulz sollte beinahe gelingen, wovon viele der Halbweltgrößen träumten: den Schritt heraus aus der kriminellen Schmuddelecke und hinein in die feine hanseatische Gesellschaft. Doch bis dahin war es noch ein weiter Weg. Bewusst habe ich «fast» geschrieben, denn am Ende wurde auch Schulz von seiner Vergangenheit eingeholt.

Schon die Eltern von Wilfrid Schulz hatten auf St. Pauli ein Lokal besessen, es war im Krieg durch Bomben zerstört worden. Schulz hatte nach dem Krieg als Schauermann im Hafen Bananenfrachter entladen und sich irgendwann der Tatsache erinnert, dass man rund um die Reeperbahn viel leichter Geld verdienen konnte als durch solch schwere körperliche Arbeit. Er begann als Nachtportier, später pachtete und besaß er Lokale und Absteigen auf St. Pauli. Im Unterschied zu den vielen Halb- und Unterweltgrößen, die in dieser Zeit versuchten, auf St. Pauli Fuß zu fassen, war Schulz nicht aus dem Osten, dem Rheinland oder Österreich zugewandert, sondern ein waschechter St. Paulianer. Und das öffnete ihm Türen, er wusste, wie die Szene tickt.

Als mein Vater in der Dakota-Bar die Geschäfte führte, war Wilfrid Schulz im Milieu bereits eine Größe. Er nannte sich «Gastronom», besaß Striplokale wie das «La Maitresse» und Hotels wie das «Austria», das aber eigentlich ein Bordell war; Großbordelle oder «Laufhäuser» gab es damals noch nicht. Nebenbei dealte er mit Drogen wie Preludin, einem damals in der Szene populären Amphetamin, ursprünglich im Wirtschaftswunderland gefeiert, weil es bei Übergewicht half und gleichzeitig leistungssteigernd wirkte.

Nicht zuletzt sah sich Wilfrid Schulz als Verteidiger St. Paulis gegen Invasoren aus dem Alpenraum: Österreichische Zuhälter fielen Mitte der 60er Jahre wie die Heuschrecken auf St. Pauli ein. Anders als im sittenstrengeren Wien verhieß das liberale Hamburg gute Geschäfte und gleichzeitig mehr Ruhe vor den Behörden.

Zwei Mal hatten die Österreicher versucht, das «Hauptquartier» der Einheimischen aufzumischen, die «Lange Theke» in der Friedrichstraße. Zwei Mal war der bewaffnete Österreicher Gustav Michael Burger (genannt

«Münchner Jonny») damit gescheitert. Dann luden Schulz und seine Verbündeten den Anführer der Österreicher, Arnold Sellner, in St.-Pauli-Kreisen «Wiener Bär» genannt, ins Hotel «Austria» zu einer «klärenden Aussprache» ein. Er wurde von Schulz und zwei seiner Verbündeten empfangen, diese stachen ihm ein Messer in den Hintern und drehten es langsam um, dann ließen sie den Verletzten vor dem Hafenkrankenhaus liegen.

Jener, der das Messer in das Gesäß von Sellners rammte, war mein Vater – so wurde es in der Szene später erzählt. Ich habe das allerdings von ihm selbst nicht erfahren, er hat nie viel über seine Anfangszeit auf St. Pauli erzählt.

Die Lektion kam an, die Invasoren verschwanden wieder in Richtung Alpenrepublik. Diejenigen Österreicher, die nicht unverzüglich abgereist waren, wurden später von der Hamburger Polizei nach Hause geschickt.

Spätestens ab Sommer 1965 war Wilfrid Schulz der König auf St. Pauli.

Anders als in der Geschäftswelt, wo Qualifikationen und berufliche Erfahrungen eine wichtige Rolle spielen, geht es im Haifischbecken Rotlichtszene vor allem darum, die richtigen Menschen zu kennen und sich einen Ruf zu «erarbeiten». Man verteilte keine Visitenkarten, aber man werkelte am eigenen Image, war bestrebt, einen bleibenden Eindruck zu hinterlassen. Brutalität und wilde Entschlossenheit waren die Mittel, mit denen man das erreichte. «Das ist doch der, der dem ‹Wiener Bären› das Messer, du weißt schon …», raunten sich die Leute im Milieu zu. Und schon war man im Ranking weiter nach oben geklettert. So gesehen war mein Vater schon ein gehöriges Stück aufgestiegen.

Zu einer weiteren entscheidenden Begegnung kam es im März 1967 in ebenjener Dakota-Bar. Ein gut angezogener Mann feierte mit seinen Freunden. «Geht alles heute auf mich», sagte mein Vater, der an der Bar bediente, «ich habe nämlich Geburtstag.»

Als die Gruppe am frühen Morgen dann aus der Bar ging, sagte der Kleine: «Schönen Dank übrigens, ich habe heute auch Geburtstag.» Das war Ringo Klemm, der zu einem der wichtigsten Player rund um den Hans-Albers-Platz aufstieg. Es war der Tag, an dem zwischen ihm und meinem Vater eine lange Freundschaft geboren wurde, die auch beider Familien einschloss.

Ringo

Auf Wikipedia und in diversen Medien liest man Folgendes: «Schon 1970 kam ‹Ringos› Bewährungsprobe: Er soll zusammen mit ‹Stotter-Harry›, ‹Dakota-Uwe› und ‹Tabak-Ilja› mitten am Tag in der Friedrichstraße den Gangster Sergio di Cola erschlagen haben. Der Italiener wollte Zuhältern Mädchen abwerben. Doch ‹Ringo› war nichts nachzuweisen, er kam mit ein paar Monaten Knast davon.»

Ich weiß nicht, ob das damals wirklich so war. Fest steht nur, dass Ringo und mein Vater ein Team waren, eine Allianz – und das sprach sich bis zu Wilfrid Schulz herum. Ringo und Dakota-Uwe, wie mein Vater fortan hieß, seien «zwei harte Hunde», die sich nicht über den Tresen ziehen ließen. Wie mein Vater hatte Ringo ostdeutsche Wurzeln, er wurde 1947 in Sachsen geboren. Auch die Seefahrt verband beide, Ringo betonte oft, dass er ja eigentlich Fischer sei. Zudem war er ein leidenschaftlicher «Rock 'n' Roller» und Amerika-Fan.

Die ostdeutsche Herkunft hatte mein Vater übrigens mit vielen seiner späteren Partner im Rotlichtmilieu gemein. Neben Ringo Klemm waren das auch Ritze-Wirt Hanne Kleine, der bereits erwähnte Türsteher Rocky, Luden wie Frank Schrubarz («Sachsen-Franky») oder zum Beispiel Stefan Hentschel, der sich selbst den «göttlichen Zuhälter» nannte, und viele andere.

Heute ist mir klar, dass sie alle von dem Wunsch beseelt waren, zu dieser verschlossenen hanseatischen Gesellschaft dazuzugehören. Sie hatten keine guten Gymnasien besucht, hatten keine Eltern, die ihnen geschäftliche Wege ebneten. Sie waren Quiddjes, also Nicht-Hamburger, kamen aus dem bemitleideten Osten und spürten die kalte Ablehnung der hanseatischen Gesellschaft. Als «Qualifikation» für ihre Karriere, die sie vorzugsweise da anstrebten, wo es weder auf Herkunft noch auf Bildung ankam, auf dem Kiez also, brachten sie eine gewisse Skrupellosigkeit mit. Kein Zufall also, dass Hanne und Stefan Boxer waren. Sie wollten den Makel ihrer ostdeutschen Flüchtlingsherkunft abschütteln, was zum Beispiel bei Stefan Hentschel dazu führte, dass er sich eine wahnsinnige Mühe gab, seinen breiten sächsischen Dialekt schnell nach seiner Ankunft als Jugendlicher in

Hamburg loszuwerden, und wie besessen Begriffe auf Platt paukte, wie in seiner Biographie nachzulesen ist. Sie wurden alle mächtig auf dem Kiez, häuften viel Geld an – in der bürgerlichen Mitte der Hamburger Gesellschaft kamen sie aber alle nicht an; das ist die Tragik ihrer Lebensläufe.

Doch zurück zu Ringo: Zusammen mit Wilfrid wurde er zu einer der beiden maßgeblichen Figuren der Hamburger Rotlichtszene, in den Medien gern als «Pate von St. Pauli» (Schulz) und «Pate vom Hans-Albers-Platz» (Klemm) bezeichnet – und zu dem wichtigsten Vertrauten meines Vaters, als Freunde und «Geschäftspartner». Für mich wurden beide zu Ersatzverwandten, die mich durch ihre ständige Gegenwart meine ganze Jugend hindurch begleiteten.

Anni und die «Tiger aus der Fischerstraße»

Während mein Vater also ein Quiddje war, ist meine Mutter Anni eine waschechte St.-Pauli-Deern. Geboren im Januar 1943, war sie als Baby noch betroffen von den schrecklichen alliierten Bombenangriffen auf die Stadt, die, als «Operation Gomorrha» bezeichnet, die Stadt im Juli 1943 heimsuchten. Glücklicherweise im nicht ganz so arg getroffenen St. Pauli. Sie wuchs in der Fischerstraße auf, die es heute nicht mehr gibt und die sich einst zwischen Lincoln- und Trommelstraße befand.

In der chaotischen Zeit des Wiederaufbaus ersetzte die Straße auch für sie ein Stück weit die oft überforderten Eltern. Ihren leiblichen Vater lernte sie nie kennen, er soll noch vor ihrer Geburt nach Südamerika ausgewandert sein. Und so wurde ein guter Freund meiner Oma Anna Maria, Wilhelm Weber mit Namen, offiziell als Vater in die Geburtsurkunde eingetragen. Es war ein Freundschaftsdienst, denn so verhinderte «Onkel Willy», dass es bei den Behörden Probleme mit einer unbekannten Vaterschaft gab.

Meine Oma lernte später einen gewissen Harry Preuß kennen, sie heirateten, das Paar bekam zwei weitere Kinder. Fortan war Harry, der bei einem der vielen Barkassen-Unternehmen arbeitete, die an den Landungsbrücken auf St. Pauli an- und ablegten, ihr Stiefvater. Das ging zehn Jahre lang gut. Meine Mutter beschreibt ihre Mutter als sehr liebevolle und warmherzige Frau. Doch viel zu früh starb sie, da war meine Mutter erst zehn Jahre jung – und es war das Ende ihrer unbeschwerten Kindheit, weil ihre neue Stiefmutter Inge, die ihr Stiefvater alsbald geheiratet hatte, keinerlei Interesse an den Kindern zeigte. Als Älteste von den drei Halbgeschwistern – Klein Harry war drei, Gudrun war vier – wurde Anni ein Großteil der Verantwortung zu Hause aufgebürdet. Zudem wurde in dieser Familie hemmungslos geprügelt, oft mit dem Gürtel, und fast immer traf es «die Große». Mamas Jugend klingt wie die modernere Version eines Schauermärchens der Gebrüder Grimm, inklusive böser Stiefeltern, Prügel, leidender Kinder und der späteren Flucht aus dem grausamen Haushalt.

«Einmal habe ich mich abends zu Klein Harry ins Bett gelegt und hatte ein Küchenmesser dabei. Ich habe ihm gesagt: ‹Wenn er einen von uns noch einmal schlägt, steche ich zu.› – ‹Nein, Anni, ich mache das, gib mir das Messer›, sagte er zu mir. Ich habe ihm dann gesagt, er sei noch zu klein dazu. Das hat er dann eingesehen. Und glaub mir, ich hätte in dieser Nacht zugestochen», erzählte sie mir. Doch glücklicherweise tauchte der Stiefvater in jener Nacht nicht auf – und Mama schlief ein, das Messer in der Hand unter der Decke.

Sie litt aber auch an mentalen Grausamkeiten. So hatte sie einen Teddybären, eine Erinnerung an ihre leibliche Mutter, die ihn genäht hatte. Mama liebte diesen Bären, auch wenn er schon ziemlich abgegriffen war, er war eines der letzten Erinnerungsstücke an ihre Mutter. Ihm vertraute sie sich an; und wenn sie mit ihm sprach, dann war es, als spräche sie zu ihrer Mama im Himmel. Die Stiefmutter warf den Teddy in den Müll, mehrfach. Immer wieder gelang es Anni, ihn in letzter Minute aus dem Ascheimer zu retten – bis er irgendwann in den Ofen geworfen und ein Raub der Flammen wurde.

Mit 14 büxte sie oft von zu Hause aus. Sie kletterte dann aus dem Fenster und fuhr mit der Hochbahn, wie die Hamburger die S-Bahn nennen, von St. Pauli nach Billstedt, wo eine Schwester ihrer leiblichen Mutter mit ihrem Mann wohnte. Der Onkel war ein erfolgreicher Magazin-Journalist und obendrein ein sehr warmherziger, anständiger Mensch. Das Paar ließ meine Mutter dann nachts mit der Frage herein: «Ist es mal wieder so weit?»

Da durfte sie immer ein bis zwei Tage bleiben. Sie liebte es, in der geordneten, freundlichen Umgebung dieses intakten Haushaltes zu sein. Da gab es ein richtiges Frühstück, Mittagessen und Abendbrot. Sie durfte im Garten spielen und half bei der Gartenarbeit, zum Beispiel bei der Apfelernte. Schon damals begann sich auch in ihr eine tief empfundene Sehnsucht nach Bürgerlichkeit, nach «Ordnung» herauszubilden, gespeist aus dem Gefühl, ein Kind chaotischer Verhältnisse zu sein.

Daheim auf St. Pauli war Anni die Anführerin einer Straßenbande, die sich die «Tiger aus der Fischerstraße» nannten und einen Kleinkrieg mit den «Löwen vom Pinnasberg» führten. Die Bande meiner Mutter war gefürchtet, weil sie im wahrsten Sinne des Wortes schlagkräftig war und von einem in der Straße ansässigen Tischler stets mit Holzlatten versorgt wurde. Das Mädchen, das sehr unter Gewalt litt, hatte gelernt, dass Gewalt ein Mittel zur Durchsetzung von Interessen sein konnte.

Sie besuchte eine Mädchenschule in der Großen Freiheit, die nur durch einen Jägerzaun mit gekreuzten Holzlatten von der benachbarten Jungenschule getrennt war. Wenn Stiefvater Harry sie mal zur Schule brachte, dann achtete er stets streng darauf, dass Mama ihren Blick stur geradeaus richtete und nicht auf die Schaukästen der ersten Striplokale, die es in der Großen Freiheit seit den 50er Jahren gab. Darin hingen die Bilder schöner, fast nackter Frauen. Natürlich hielt sie sich nicht an die Maßgabe ihres Stiefvaters und lugte unauffällig nach links und rechts; sie war von den Bildern fasziniert.

Ein Bild fand meine spätere Mutter als 14-Jährige besonders toll: Eine wunderschöne Frau saß da nackt in einer Sektschale. Und sie war völlig überrascht, als ihr die Frau einmal in der Fischerstraße über den Weg lief. Damit war klar, dass diese Schönheit sogar in ihrer Nachbarschaft wohnte. Von Neugier geplagt, sprach meine Mutter die Frau an, sie hieß Rosi. Es entstand eine Freundschaft, fortan durfte meine Mutter Rosis Hunde ausführen, zwei West Highland White Terrier. Wer schon mal das Etikett der traditionellen Scotch-Whisky-Marke «Black & White» gesehen hat, kennt diese Hunderasse.

Fürs gelegentliche Gassigehen wurde sie fürstlich entlohnt – fünf Mark pro Gang, das war damals eine Menge Geld. Rosis Leben unterschied sich so grundlegend von jenem, welches Anni von den Frauen ihres Umfeldes kannte. Es unterschied sich vor allem vom Leben ihrer Stiefmutter, die sich als Hausfrau um Küche, Haushalt und Kinder zu kümmern hatte. Rosi verdiente viel Geld, lebte allein mit ihren Hunden, hatte Liebhaber, war schön und wirkte stark und unabhängig. Sie lebte ein Leben, das meiner Mutter imponierte.

Meine Mutter wusste schon lange, dass auch sie Männerblicke auf sich zog, dass sie eine Schönheit war, groß, schlank, mit langen, dunklen Haaren. Das wenige Geld, das sie hatte oder verdiente, investierte sie in Klamotten. Rosi wurde zu einer Art Inspiration für Anni – für die Flucht aus ihrem tristen Leben, von der sie träumte.

Dakota und das Girl aus dem
«Golden Nugget»

Als junge, schlecht ausgebildete Frau in den frühen 60er Jahren, obendrein als «waschechte St.-Pauli-Deern» offenbarten sich meiner Mutter zwei mögliche Lebenswege: der traditionelle Weg, was bedeutete, die Schule zu beenden, eine Ausbildung zu machen, irgendwann zu heiraten, um dann als Hausfrau zu enden. Oder der Weg einer gewissen Unabhängigkeit, was damals vor allem bedeutete, die eigene Attraktivität in Geld umzuwandeln. Nach Abschluss der zehnklassigen Schule begann sie zunächst die Ausbildung an einer Hauswirtschaftsschule, umgangssprachlich auch «Bräuteschule» genannt, eine damals typische «Frauenkarriere», um sich auf die spätere Rolle als Hausfrau und Mutter vorzubereiten.

Dass sich meine Mutter auf diese Schule einließ, hatte aber ganz andere Gründe: Es bot ihr die einmalige Chance, das Haus der Stiefeltern zu verlassen und in einem Internat in Fleestedt zu wohnen. Es war ihre eigene «kleine Freiheit», die immerhin die Option auf eine große Freiheit beinhaltete. Es dauerte nicht lange, da warf sie hin, müde dieser kleinbürgerlichen, bigotten Unterweisung als spätere Familien- und Männerversorgerin. Es zog sie zurück nach St. Pauli, in ihr «Biotop», in dem sie aufgewachsen war und das sie geprägt hatte. Sie fing an, in einer Strip-Bar zu arbeiten, dem «Golden Nugget». Sie war bereits volljährig und nannte sich dort «Gaby».

Nein, goldene Nuggets verdiente sie dort ganz sicher

nicht, aber sie konnte ihre Unabhängigkeit finanzieren. Sie nahm sich eine kleine Wohnung. In den frühen Morgenstunden, wenn die Nachtschwärmer das Feld geräumt hatten, gehörte der Kiez den Menschen, die auf ihm ihr Geld verdienten. So ging meine Mutter stets nach dem Barbetrieb gegen vier Uhr morgens in die benachbarten Jägerstuben, wo sie einen Kaffee trank und mit ihrer Freundin Anne schwatzte, der Eigentümerin. An einem dieser Morgen, an dem draußen Schwarz langsam zu Blau wurde, torkelte ein Mann in die Bar, der trotz seines offensichtlichen Vollrauschs umgehend anfing, meiner Mutter Komplimente zu machen – auf eine charmante, gar nicht plumpe Art. Der Gast zeigte sich äußerst spendabel, bestellte eine Flasche Champagner und orderte zwischendurch ständig Schnäpse, wobei es eine Vereinbarung gab, dass Anne meiner Mutter stets Wasser ins Schnapsglas goss, aber natürlich Hochprozentiges in Rechnung stellte. So waren die Sitten auf St. Pauli, so ist es in vielen Bars noch heute.

Der Mann kam die nächsten Tage immer mal wieder in die Jägerstuben und fragte Anne nach jener «Gaby» aus dem «Golden Nugget» aus. Schließlich gab Anne preis, dass ihre Freundin am nächsten Tag Geburtstag habe und dass er sie ja mal besuchen könne. Der Mann war natürlich Dakota-Uwe. Annes honigsüße Kuppelei machte ihn misstrauisch: Glaubten die, er sei ein «Freier», der sich abziehen lässt? Nein, ihm ging es um etwas, was auf St. Pauli genauso schwer zu finden ist wie ein goldenes Nugget im gleichnamigen Laden: wahre Gefühle, Liebe. Mein Vater ließ sich also etwas einfallen, um sich von gewöhnlichen «Fans», die meine Mutter garantiert hatte, zu unterscheiden. Er kaufte in einem Blumengeschäft einen riesigen Rosenstrauß, den er schön binden ließ. Als die Floristin mit dem Riesenstrauß fertig war und ihn stolz vorzeigte, sagte er der verdutzt dreinschauenden Frau: «So, jetzt können Sie alle Blüten abschneiden.» Dann wurde der Strauß eingepackt.

Die Mädchen, die im «Golden Nugget» arbeiteten, waren von meinem Vater begeistert – ganz anders als meine Mutter. Er war keine Schönheit, aber er war eine beeindruckende Erscheinung: groß, stark, selbstbewusst, ein Alphatier, dazu aber freundlich und mit guten Manieren. Solche Männer kamen auf St. Pauli an. Die jungen Frauen tuschelten, auf wen «Dakota» mit dem eingepackten, gigantischen Blumenstrauß wohl ein Auge geworfen hatte. Und beneideten meine Mutter, als er sich ihr an der Bar näherte. «Alles Gute zum Geburtstag», sagte er, gab ihr den eingepackten Strauß und entschuldigte sich sofort: «Leider muss ich schnell wieder los, ich hab noch etwas zu tun.»

Er verschwand, meine Mutter packte den Blumenstrauß aus und schüttete sich aus vor Lachen. Ihre eben noch begeisterten Kolleginnen, die den Auftritt meines Vaters «süß» fanden, waren jetzt enttäuscht: «Was soll das denn?»; «Soll das heißen, er mag dich gar nicht?» Doch meine Mutter hatte es anders verstanden. Da gab es etwas Unausgesprochenes, was die beiden verband. Von jenem Tag an im «wilden 68er» Jahr waren sie ein Paar.

CHARLY, DAS GANOVEN-KID

Als Kind war der Kiez für mich ein magischer Ort, das Gegenteil von Langeweile, die ich im geordneten Blankenese immer mal wieder empfand. Ich erinnere mich, wie mich mein Vater manchmal am Wochenende mitten in der Nacht gegen zwei Uhr weckte und fragte: «He, Charly, wollen wir ein bisschen spazieren fahren?» Selbst im Halbschlaf und total übermüdet habe ich dann stets mit «Klar doch!» geantwortet. Dann trug er mich in den Ford Mustang oder den Mercedes Oldtimer, je nachdem, welches Auto er gerade fuhr.

Und dann cruisten wir durch das nächtliche Hamburg. Manchmal fuhren wir durch den Alten Elbtunnel, der durch einen Auto-Fahrstuhl an den Landungsbrücken zu erreichen war und dessen endlos scheinender Schlauch stets taghell mit Neonlicht erleuchtet war. Das fühlte sich an wie im Traum. Ebenso die Fahrt über die damals noch neue Köhlbrandbrücke, dann kam ich mir stets vor wie im Flugzeug, weil man die Anlagen des Freihafens und Teile des nächtlichen Hamburgs mit seinen vielen Lichtern aus der Vogelperspektive sah.

Wir fuhren dann ins «Chikago» auf den Hans-Albers-

Platz, offiziell nannte sich der Laden «Eis-Café», doch es war der ultimative Treff, sozusagen das «Headquarter» der gesamten St.-Pauli-Szene. Hier im Obergeschoss traf sich, wer etwas zu sagen hatte – und Ringo war der Eigentümer. Auch deshalb wurde Ringo oft «Pate vom Hans-Albers-Platz» genannt. Ringo Klemm gehörte praktisch zu unserer Familie. Ich habe ihn als stets gut gelaunt in Erinnerung. Oft trug er Cowboystiefel, ein bisschen war er ja auch Cowboy, wenn er mit seinem Laredo-Jeep seinen Sohn Marlon, der heute immer noch mein Freund ist, zu uns nach Hause zum Spielen brachte.

Zurück zu diesen von mir geliebten nächtlichen Ausflügen: Im «Chikago» gab es einen Türsteher, der war von den Füßen bis zum Haaransatz tätowiert. «Rocky», Jahrgang 1926, ein sogenannter «Freigekaufter» aus der DDR. Er hatte achteinhalb Jahre wegen angeblicher Spionagetätigkeit im Zuchthaus Bautzen gesessen. Rocky arbeitete nach dem Freikauf durch die Bundesregierung und seiner Übersiedelung in den Westen drei Jahre als Krankenpfleger in Hannover und wurde letztlich dort wegen seiner äußeren Erscheinung entlassen. Rocky war immer mit schwarzer Lederhose und Lederweste bekleidet, und zu seinen Tätowierungen, die jeden Quadratzentimeter seiner Haut, sogar Gesicht und Ohren bedeckten, trug er einen schwarz gefärbten Irokesen-Haarschnitt. In beiden Nasenöffnungen blitzte ein goldfarbener Ring. Damals war so etwas noch sehr selten.

Rocky sah irgendwie gefährlich aus, war aber der freundlichste Mensch, den man sich vorstellen kann. Er setzte mich auf seine Harley-Davidson, die fast immer vor dem legendären «Chikago» stand. Auf der Bühne trommelte ich wie wild auf dem Schlagzeug herum.

Als bekennender Rock 'n' Roller und selbst Gitarre spielend, wollte Ringo eigentlich, dass das «Chikago» durch seine Konzerte bekannt wurde und weniger als Luden-Treff. Ich war dort stets der kleine Charly vom großen Dakota-Uwe. Die Mädchen, die auf dem Hans-Albers-Platz anschafften, spielten mit mir oder ließen mich mit ihren Hündchen, Pudeln oder Pinschern Gassi gehen, wofür ich dann einen Heiermann bekam, fünf Mark also.

Die Reeperbahn mit diesen bunten Bildern nackter Frauen, gemalt von Erwin Ross, dem Rubens von der Reeperbahn, mit der damals schon sehr verbreiteten Leuchtreklame, den vielen Bars, Restaurants und einfachen Fressbuden war damals für mich auch ein Ort der Geborgenheit. Das lag zum Beispiel an Menschen wie Anne und Benito, Eigentümer der Jägerstuben auf der Reeperbahn 42; heute befindet sich in dem Gebäude das «Steak & Fish House». Anne war die beste Freundin meiner Mutter, in ihre «Jägerstuben» war sie früher immer auf einen Kaffee eingekehrt, wenn sie ihre Arbeit im «Golden Nugget» beendet hatte.

Meine beiden Pateneltern hatten mir ein Dreirad geschenkt, auf dem stand «Polizei» – vielleicht wollten sie ja damit Papa ärgern. Das Ding hatte auch die damals polizeitypische Farbe Grün. Mit diesem Dreirad fuhr der Kleine vom «Kiez-Ganoven» Dakota-Uwe dann gerne an der Davidwache vorbei zum «Nordlicht», wo mir Anne ein «Männerbier» kaufte, so nannte ich Vitamalz, und mich im Billard übte. Leider schieden meine geliebten Pateneltern viel zu früh freiwillig aus dem Leben. Es ging wohl um einen fortwährenden Streit mit dem Finanzamt um Steuerschulden, der die beiden zermürbte. Tante Anne erhängte sich, und mein Onkel Benito rammte sich daraufhin ein Messer in die Brust.

Anders als der eher kleine Ringo war Wilfrid Schulz eine stattliche Erscheinung, immer mit polierten Schuhen und in feine Anzüge gekleidet, während Ringo ja gern wie ein Cowboy herumlief. Auf Menschen, die ihn nicht kannten, wirkte Wilfrid wie der klassische Gentleman. Er fuhr stets den neuesten Mercedes. Am Rückspiegel baumelte ein Paar goldene Boxhandschuhe, gegen die er während der Fahrt zu meiner Belustigung schlug. Boxen war ja auch seine große Leidenschaft, weswegen er auch in den 70er Jahren versuchte, sich als Box-Promoter einen Namen zu machen.

Und er war ziemlich eitel. Wenn er uns besuchte, war er oft von meiner Katze genervt, die ihm mal wieder unerwartet auf den Schoß sprang und dann mit ihren Pfoten in seiner Lockenpracht herumspielte, dem Allerheiligsten. Ich sah es an seinem Gesichtsausdruck, der dann für kurze Zeit diese Gelassenheit und Noblesse vermissen ließ. Doch Wilfrid traute sich nicht wirklich, etwas zu sagen.

Wilfrid wohnte mit seiner Frau Renate in einem wahrhaft herrschaftlichen Haus in Siebenbuchen, einer Straße in Sülldorf. Das lag neben Blankenese, und er legte viel Wert darauf, dass er ja in Blankenese wohne, jenem weit über Hamburgs Stadtgrenzen hinaus bekannten Nobel-

Stadtteil. «Du wohnst nicht in Blankenese, du wohnst in Sülldorf», intervenierte mein Vater dann stets und brachte Wilfrid damit aus der Fassung. Er zog sich dann darauf zurück, «dass der an mein Grundstück grenzende Friedhof ja offiziell ‹Friedhof Blankenese› heißt, also wohne ich in Blankenese!».

Wilfrid nannte Renate immer «Eichhörnchen», und auch wir nannten sie so. Das war nicht despektierlich gemeint und auch keine optische Anspielung. Renate war eine sehr schöne Frau mit blonden Haaren, groß und schlank, 22 Jahre jünger als er. «Eichhörnchen» war ihr Kosename, und nur die beiden kannten das Geheimnis seiner Entstehung. Das Haus war von einer Mauer und einer Hecke zur Straße hin vor Blicken geschützt. Wenn man am Gartentor klingelte, wurden die Gegensprechanlage sowie ein Bildschirm in der Küche aktiviert; eine in einem kleinen Vogelhäuschen versteckte Kamera zeichnete jeden Besucher auf. Das war für damalige Verhältnisse nicht nur technisch modern, sondern entsprach auch dem Sicherheitsbedürfnis des mächtigsten Mannes auf St. Pauli.

Das Haus lag leicht erhöht, wie auf einer Art Feldherrenhügel. Links vom Eingang gab es eine Terrasse, auf der wir häufig bei Kaffee und Kuchen saßen. Unterhalb der Terrasse war der Pool. Oft war auch Wilfrids Mutter da, eine warmherzige, sehr gesprächige Althamburgerin. Über einer Art Essecke an der Küchenwand hingen Bilder, die ich Wilfrid zu Geburtstagen und zu Weihnachten gemalt hatte.

Die Einrichtung seiner Villa glich der eines Schlosses.

An den Wänden hingen riesige Tiertrophäen von Zebras, Löwen und Antilopen, die er auf Safari in Südafrika geschossen hatte. Von Wilfrids Wohnzimmer und Büro aus konnte man auf den alten Baumbestand des erwähnten Friedhofs Am Eichengrund schauen – und zwar durch kugelsichere Scheiben, wie mir Wilfrid öfter erzählte. Auf diesem Friedhof sollte er später auch beerdigt werden.

Wilfrid hatte einen Sohn aus einer früheren Beziehung, Roland. Als ich damals in die Grundschule ging, war Roland bereits ein Teenager und besuchte ein Internat in St. Peter-Ording an der Nordsee. Die schulfreie Zeit lebte er in Campione im Schweizer Kanton Tessin bei seiner Mutter. Ich habe Roland nur ein- oder zweimal gesehen. Wilfrid und Renate mochten es gern, wenn ich da war und dieses Haus, das mit so vielen erstaunlichen Dingen vollgestellt war, in Beschlag nahm und mit Leben füllte. Neben Wilfrid auf dem Beifahrersitz seines Mercedes in seiner Villa anzukommen, hatte etwas von herrschaftlicher Größe. Sobald wir in Siebenbuchen abbogen, öffnete ich mit der Fernbedienung das Garagentor, danach öffnete sich das zweite Tor zur «Tiefgarage». Von da aus gelangten wir in den Keller. Links führte die Treppe nach oben ins Haus. Rechts von der Garage ging es zum Fitnessraum mit Bar und angrenzendem Schwimmbad.

Ich bin meist gleich im Keller geblieben, wo es das große Schwimmbad gab. An jeder Ecke des Beckenrandes stand eine ausgestopfte Meeresschildkröte, anfangs gruselte ich mich ein wenig vor ihnen. Sie sahen so echt aus, als wollten sie jeden Moment ihre Flossen bewegen. Links vom Schwimmbecken gab es die Duschen und einen Whirlpool, alles versehen mit goldenen Armaturen.

In diesem Becken habe ich Schwimmen gelernt. Der schulische Schwimmunterricht im Hallenbad Blankenese zeitigte bei mir damals nur schleppende Erfolge. Als ich dann einmal nach der Schule mit meiner Mutter zu Wilfrid gefahren bin, fragte er mich: «Was ist los, Charly, kannst du denn nun endlich schwimmen?»

«Na ja, noch nicht so richtig», antwortete ich verlegen.

Er lachte, dann packte er mich und warf mich ins Becken. Ich erschrak natürlich und schwamm hektisch zurück an den Beckenrand. Und er sagte: «Was willst du denn, du kannst doch schwimmen!»

Auf diese Weise verlor ich tatsächlich die letzte Scheu vor dem tiefen Wasser und schwamm fortan ohne Hilfsmittel.

Neben dem Pool gab es in diesem Untergeschoss auch einen Fitnessraum mit Sandsack und Punchingball, eine Ruderbank, daneben eine Bar. An den Wänden hingen die Box-Helden der 70er Jahre: Cassius Clay alias Muhammad Ali, Sugar Ray Leonard, George Foreman. Weiter hingen dort Wilfrids gewonnene Gürtel, in Vitrinen standen Pokale.

Wilfrid schenkte mir ein Paar Boxhandschuhe und ein lebensgroßes Poster des Boxers Eckhard Dagge, mit dem er befreundet war. Als zweiter Deutscher nach Max Schmeling war Dagge 1976/77 Profiweltmeister geworden. Der Ostholsteiner wurde später ein zweites Mal durch sein Alkoholproblem bekannt. Legendär war sein Spruch:

«Viele Weltmeister sind Alkoholiker geworden, aber ich bin der erste Alkoholiker, der Weltmeister wurde.»

Nach seinem viel zu schnellen Abstieg trainierte Dagge Nachwuchs in der «Ritze» auf der Reeperbahn, wurde Gastronom und starb früh mit 58 Jahren. Das Poster zierte lange Zeit die Tür meines Kinderzimmers, oft boxte ich gegen diesen Papier-Dagge.

Dakota, König der Abzocker

Doch welche Rolle spielte mein Vater in dieser Szene? Worüber ich in der Klasse von Frau von Lojewski gerätselt hatte, wurde mir später natürlich klar. Endgültig «angekommen» auf St. Pauli an der Seite des Kiez-Königs Wilfrid Schulz, standen meinem Vater Ende der 60er Jahre geschäftlich alle Türen weit offen. Zunächst blieb er aber Geschäftsführer in der «Dakota-Bar».

Auf St. Pauli blühte der Nepp, das Abzocken von Gästen gehörte zum Tagesgeschäft. Natürlich wurden auch in der «Dakota-Bar» Gäste gemolken, rasiert, abgekocht, wie immer man das nannte. Normalerweise beim Kartenspiel oder Würfeln, das war der Königsweg. Mitunter kamen Freier in den Laden, machten auf dicke Hose und rollten dicke Geldscheinbündel auf, um zu bezahlen. Das war dann wie eine Einladung, ihnen die Kohle aus der Tasche zu ziehen.

Mit Begeisterung erzählte mir mein Vater später von Bernie Fick (der Mann hieß wirklich so), der seit Anfang der 70er Jahre eine gleichnamige Kneipe am Fischmarkt hatte, das «Fick am Fischmarkt», das später eine gewisse Domenica übernahm – auch sie eine dieser Kultfiguren des Stadtteils. Bernie stand in dem Ruf, Ende der 60er Jahre ganze Güterzüge aus dem Hamburger Hafen umgeleitet und ausgeräumt zu haben, um die Waren später zu verkaufen. Mal eine Ladung Radiogeräte von Telefunken, mal nagelneue Leder-Aktentaschen. Bernie lief dann stets mit fünfstelligen Beträgen in der Tasche herum und gab das Geld mit vollen Händen aus. Wenn Bernie auf dem Hans-Albers-Platz unterwegs war, liefen die Telefone heiß – in einer Art Kettennachricht alarmierten sich die Hyänen, die in den einschlägigen Bars bereits lauerten, gegenseitig. Jeder wollte etwas vom Fang abbeißen. Dann wurde eingeschenkt, bis Bernie den Überblick verlor, ein bisschen gezockt, bis er um ein paar Tausender erleichtert war und den nächsten Laden ansteuerte. Ihm tat es nicht weh, alle hatten etwas davon.

Mein Vater war zunächst eine große Nummer als «Geldverleiher» in den Spielhöllen. Für zehn Prozent Zinsen oder mehr gab es «Tageskredite» für klamme Spieler, wobei er selbst zumeist die Darlehenshöhe bestimmte. Kredite und Zinsen mussten binnen 24 Stunden zurückgezahlt werden. Geld gab es nur für Leute, die man kannte – und wenn die Aussicht bestand, dass es zurückgezahlt wurde. Die Spieler hatten also mit großen Einsätzen zu spielen, das war die Absicht.

Seit Anfang der 70er Jahre betrieb mein Vater mit Ringo zudem ein Inkassounternehmen. Beim Eintreiben des Geldes gab es vermutlich eher selten Probleme, meist scheiterte jeder Versuch, sich um die Rückzahlung zu drücken, an der physischen Präsenz meines Vaters. Solche «Inkasso-Dienstleistungen», das Geldeintreiben also, waren nicht nur Teil seines eigenen Geschäfts, er machte das auch für andere. Auch Wilfrid Schulz nahm die Dienste in Anspruch.

Viel Geld kam zudem durch Falschspielerei herein, illegales Glücksspiel nannte man das damals. Dazu trieb er sich in Casinos, auf Pferde- oder Trabrennbahnen herum. Das so gewonnene Geld investierte er in Beteiligungen an verschiedenen Bars und Restaurants – unter anderem zusammen mit einem Typen, den alle Spaghetti-Ossi nannten: beide teilten sich den Saint-James-Club auf dem Spritzenplatz im Herzen von Ottensen, heute ist da ein griechisches Restaurant, und die Bundspecht-Klause in Lurup. Zusammen mit Wilfrid Schulz besaß er zudem ein Bordell in der Silbersackstraße, über das er aber in meiner Gegenwart nicht so gern sprach; er wollte kein Zuhälter sein. Dazu kam noch eine Bar in der Großen Freiheit. Das alles qualifizierte ihn dafür, Mitglied im legendären Kegelclub «Die Letzte Partie» zu sein, in den nur die «Kiez-Bosse» eintreten konnten. Damals gab es noch keine Zuhälterkartelle wie die am Ende der 70er Jahre entstandene GMBH, benannt nach den Anfangsbuchstaben ihrer Mitglieder. Es gab noch keine «Nutella-Bande», keinen «Osmani-Clan». Das Kartell der Rotlichtbosse, das die Regeln auf der Amüsiermeile definierte, Streit schlichtete, den Kuchen verteilte, hatte sich schön kleinbürgerlich und typisch für die Wirtschaftswunderjahre in einem Kegelclub zusammengeschlossen, vermutlich sogar registriert als eingetragener Verein mit Gründungsversammlung, Satzung und Vorstand. Wer auf dem Kiez mitverdienen wollte, kam an der «Letzten Partie» nicht vorbei. Natürlich gehörte Wilfrid dazu, die bereits erwähnten Ringo und Darius der Perser, dazu legendäre Figuren wie der Ritze-Wirt Hanne Kleine und der «US-Import» Bill Davis, auf beide gehe ich später noch näher ein.

Zurück zum Falschspiel: Einfacher war es, Würfel zu verwenden, die aus Amerika besorgt wurden und einseitig mit Gewichten beschwert waren. Plumper war es, die Würfel anzufeilen. Beide Manipulationen aber hatten denselben Effekt: Die Würfel fielen zwar nicht immer, aber häufiger auf eine bestimmte Zahlenfläche. Wichtig war dabei, dass es immer noch den Anschein von Zufälligkeit hatte. Eine andere beliebte Methode war es, einen winzigen Schlauch mit Druckluft durch den Ärmel bis zur Hand zu ziehen. Mit Hilfe einer Düse konnten so kaum wahrnehmbare Druckluftstöße ausgelöst werden, die dem Würfel unmerklich einen neuen Schub verliehen.

Kartenspiele wurden mit aufgerauten Oberflächen oder minimalen Musterfehlern manipuliert und ließen sich leicht wieder in einen scheinbar fabrikneuen, versiegelten Kartensatz verwandeln. Und weil man von diesen gezinkten Sätzen Dutzende hatte, gab man sich beim Spiel großzügig und überließ dem fremden Spieler die Wahl des Kartenspiels oder öffnete nach jedem Spiel einen neuen Satz. Gespielt wurden Klabberjass, Poker, Blackjack und Bakkarat.

Die Schlitten für Blackjack und Bakkarat, aus denen der Croupier die Karten entnahm und verteilte, wurden so manipuliert, dass es einen unsichtbaren, zweiten Auswurf für Karten gab. Mein Vater hatte einen Sender in der Tasche, eine Art Fernbedienung, mit dem er den aktivierte, sodass der Croupier mit geschickter Hand die wunschgemäßen Karten verteilte. Natürlich gehörte der Croupier zum Team, es bedurfte wochenlanger Übung, beim schnellen Verteilen der Karten derart geschickt ein falsches Spiel zu treiben.

Zum Team meines Vaters gehörte auch ein Mitarbeiter der Deutschen Bundespost, der für das technische Equipment sorgte. Ganz nebenbei hat er auch unsere heimischen Telefone überprüft und dabei einmal auch Wanzen gefunden. Er hatte dafür ein Gerät, auf dem «bug detector» stand. Ich habe es zum Spielen benutzt, man konnte damit so schön die Wohnung absuchen.

Mein Vater und seine Freunde installierten übrigens selbst Wanzen. Einmal blieb ich in seinem silberfarbenen Mercedes-Benz 280 SE 3.5 sitzen, als er in die Wohnung eines Mannes ging. Er bat mich, gleich mal das in die Wurzelholzarmaturen eingelassene Radio einzuschalten um dann in der Sender-Skala den Sucher über das mit Ziffern begrenzte Zahlenfeld hinaus zu drehen – dahin, wo es keinen Radiosender mehr gab. Dann verschwand er in der Wohnung. Ich schaltete das Radio ein – und hörte ihn in der Wohnung reden. So wurden die Gespräche von «Geschäftspartnern» belauscht.

Die einfachsten Opfer für die Abzockerei waren die Rotlichtgrößen vom Kiez, Prominente oder Halbprominente – alle hatten die Taschen voller Geld und langweilten sich. Im Café Lausen zum Beispiel trieben sie sich zum nächtlichen Zock herum. Es war auch deshalb so leicht, sie um große Summen zu prellen, weil diese Leute das Geld nicht zu schätzen wussten. Als «Werkzeug» genügte mitunter ein einfaches Küchengerät. «Mit der Geflügelschere haben wir ihnen die Taschen abgeschnitten», erzählte mir erst jüngst ein früherer Freund meines Vaters.

Als Ringo Klemm Eigentümer des «Chikagos» am Hans-Albers-Platz wurde, befanden sich im oberen Stockwerk über der Bar die Räume für die Angestellten. Dort gab es eine riesige Carrera-Bahn, auf der all die Halbweltgrößen eifrig Autos im Kreis fahren ließen, wann immer die Polizei Ringos Laden besuchte, was oft geschah. Sobald die «Schmiere», wie die Polizei im Kiezjargon hieß, verschwunden war, wurde die Autorennbahn umgedreht, und der Zockertisch kam wieder zum Vorschein.

In der Zeit, in der mein Vater viel Geld mit illegalen Wetten verdiente, im Glücksspiel und mit gezinkten Karten, manipulierten Würfeln oder Backgammon-Brettern, ging er des Nachts auf «Jagd», und am Mittag darauf traf er sich oft mit seinen «Geschäftsfreunden» bei «Kruizenga» an der Maria-Louisen-Straße in Winterhude, einem der traditionellen Hamburger Feinkostgeschäfte mit Mittagstisch. Dann ging man ein bisschen shoppen in der Stadt und noch im Hotel «Vier Jahreszeiten» oder im «Atlantic» an die Bar; beliebt war auch das «Six Pence» in Eppendorf. Das «Six Pence» war ein sehr elegantes Restaurant mit Bar im englischen Stil, in dem auch ich sehr gerne war. Dort habe ich als Kind immer mein Eis mit heißen Himbeeren bekommen.

Im spießigen Blankenese

Mal abgesehen von dem sehr speziellen Geschäftsmodell meines Vaters auf St. Pauli, führten wir zu Hause in Blankenese ein zumindest äußerlich normales, unauffälliges Leben. Wir hatten im Bockhorst eine Wohnung im Erdgeschoss. Und – für die vornehme Kaschmir-Gesellschaft ein paar Straßenzüge weiter ein undenkbarer Zustand – wir residierten hier zur Miete. Im Erdgeschoss einer freistehenden, kleineren Gründerzeitvilla bewohnten wir eine geräumige Vierzimmerwohnung. Das dreigeschossige Haus mit einem Erker und einem Balkon zum Vorgarten hin kam recht schmucklos daher. Das war nichts zum Angeben, keine Residenz mit Statuscharakter. Es hatte gar nichts von der schrillen Protzigkeit, die man als Außenstehender vielleicht von einer Kiez-Größe erwarten würde.

Die «Geschäfte» meines Vaters liefen in den Siebzigern mehr als gut. Geld spielte nach meinem kindlichen Empfinden keine Rolle. Trotzdem bevorzugte es mein Vater etwas bescheidener. So stand unser Haus in einer der nicht ganz so vornehmen, nicht ganz so feinen Straßen von Blankenese. Neben eher kleineren Villen auf eher kleineren Grundstücken wurde unsere Straße von einer kleinbürgerlichen Reihenhaussiedlung gesäumt. Die Nähe zu Wilfrids Haus war bei der Wahl der Wohnung sicher ein wichtiges Kriterium gewesen. Ich erinnere mich noch, dass wir jedes Jahr zu Silvester mit einer Signalpistole ein Leuchtsignal in den Himmel schossen, das dann minutenlang glimmte und langsam zu Boden sank. Wilfrid, nordwestlich von uns wohnend, schoss seinerseits ein Signal ab – so sandten wir uns Grüße im Himmel über Hamburg.

Mein Vater hatte die Wohnung von Grund auf sanieren und von Innenarchitekten ausstatten lassen. Das Wohnzimmer mit Erker und schönem Stuck an den Decken hatte braune Samttapeten, die mit Goldfäden durchwirkt waren. Das Esszimmer zierte grüner Samt, ebenfalls mit Goldfäden. Der Flur: rote Samttapeten mit Gold. Alles wirkte mondän, gemütlich mit einem Anflug von orientalischer Dekadenz. Wilfrid hatte es vorgelebt, wie bei ihm lagen bei uns sündhaft teure Perserteppiche herum – alles eben nur drei Nummern kleiner!

In dem Badezimmer mit grünen Fliesen und einem kleinen Kristallleuchter gab es natürlich goldene Armaturen, sie hatten die Form von Fischen. Das wirkte barock und entsprach eher dem Geschmack unseres schwulen, aus dem Iran stammenden Innenausstatters. Mein Vater hatte sogar unterhalb eines sehr hohen Fensters, das aus bunten Glasbausteinen bestand, ein Geheimfach einbauen lassen. Wenn man dort etwas stärker auf eine Fliese drückte, öffnete es sich. Das war so gut gemacht, dass dieses Fach viel später nicht einmal bei einer Hausdurchsuchung gefunden wurde.

Das Beste an unserem Domizil aber war für mich, dass

mein Zimmer auf der linken Seite des Hauses einen eigenen Zugang hatte, der über eine Außentreppe und eine kleine Veranda führte. Über die Treppe gelangte ich direkt in unseren Garten, der sich, wie die Gärten der Nachbarhäuser, gehörig weit im rückwärtigen Teil des Grundstücks erstreckte. Und dieser Garten, der war das Wichtigste für mich damals! Das war «mein» Garten, «mein» Reich, «mein» Revier, mein Spielparadies! In dem riesigen Garten mit alten Pferdeställen gab es sogar einen kleinen «Wald», bestehend aus sechs Tannen, Birnen-, Apfel- und Kirschbäumen, Brombeerhecken, Johannisbeeren und Stachelbeeren. Mein Opa baute mir ein Gartenhaus. Ein Dschungel, ein Paradies!

Häufig picknickten wir hinten im Garten mit meiner Mutter und der türkischen Familie, die im Dachgeschoss wohnte und mit deren Sohn Doghan ich befreundet war. Wir machten ein Feuer und steuerten Folienkartoffeln bei, von unseren türkischen Freunden kamen der selbstgemachte Joghurt, gefüllte Weinblätter und Fladenbrot.

Auf der großen Terrasse, die sich ans Wohnzimmer anschloss, haben wir oft gegrillt. Es gab meistens persische Hackfleischspieße, Koobideh genannt, und Stubenküken. Mein Vater hatte sich eigens einen Grill bauen lassen, mit einem Motor für ein Hähnchen-Karussell.

Zu Hause haben meine Eltern Alkohol weitgehend gemieden. Mein Vater trank literweise Milch in einer Kanne mit vielen Eiswürfeln, meine Mutter Kaffee. Häufig kamen Freunde zu Besuch, dann wurde gegrillt, oder man lag im Wohnzimmer auf dem Fußboden und rauchte auch mal eine Opiumpfeife. Oder beides.

Besonders oft waren Darius der Perser und andere persische Freunde zu Gast bei uns. Darius, Jahrgang 1933, war in Teheran zur Welt gekommen und lebte mit Unterbrechungen seit Ende der 50er Jahre in Hamburg. Er tat sich wie Wilfrid in Hamburg als Box-Promoter hervor, wurde aber mit diversen kriminellen Machenschaften in Verbindung gebracht, auch mit dem Ende der 70er Jahre explosionsartig sich ausbreitenden Heroingeschäft mit Kontakten bis in die USA. Er soll ein persönlicher Freund des letzten Schahs von Persien, Mohammad Reza Pahlavi, gewesen sein, der 1979 gestürzt wurde und dann 1980 im Exil gestorben ist.

Meine Eltern und ihre Freunde liebten dekadente Partys. Man saß oder lag auf Sitzkissen, die mein Vater eigens von einem Blankeneser Inneneinrichter hatte anfertigen lassen.

Im Souterrain wohnte Otto, ein pensionierter Diplomingenieur von Messerschmitt-Bölkow-Blohm (MBB), später Dasa, heute EADS oder Airbus, der sich auch schon mal über zu laute nächtliche Partys bei uns beschwerte, aber ansonsten ein liebenswerter Nachbar war. Otto war wie ein zweiter Opa für mich. Ich spielte fast täglich Schach mit ihm. Er erstellte Tabellen für seine Aktien. Er half mir, das Fahrrad zu reparieren, gab mir Klavierunterricht, arbeitete mit mir im Garten und wurde mein geduldiger technischer Berater, als meine jugendliche Phantasie mir diverse «Baumhaus-Projekte» und ein unterirdisches «Tunnelsystem» eingab. Aber Otto war auch ein wenig kauzig. Wenn zum Beispiel das Benzin günstig war, hortete er es kanisterweise in seiner Kellerwohnung, was meinem Vater Angst machte. Er bat ihn immer mal wieder, es woanders aufzubewahren, aber davon wollte Otto nichts hören.

Meine Mutter, die als Teenager ihren strengen Stiefeltern so aufopferungsvoll ihre Freiheit abgetrotzt hatte, war zur Hausfrau geworden. Ein Tag glich dem anderen: Morgens bereitete sie erst mir das Frühstück, dann etwas später am Vormittag dem Vater, weil der ja häufig bis weit nach Mitternacht unterwegs war. Dann hat sie ihm immer die Sachen zum Anziehen rausgelegt. Mein Vater trug eigentlich stets nur Anzughosen, einen Kaschmirpullover, Stiefeletten und eine Lederjacke. Er hatte bestimmt zwanzig schwarze, zwanzig blaue und zwanzig braune Pullover. Und natürlich auch braune und schwarze Kamelhaarmäntel, die waren damals angesagt.

Wenn mein Vater dann seiner Beschäftigung nachging, fuhr meine Mutter mit mir oder auch allein in das Elbe-Einkaufszentrum, das einzige Highlight des Tages, Shopping würde man das heute nennen. Dann kochte sie das Mittagessen. Sie hatte bestimmt 200 verschiedene Nagellacke von Christian Dior im Badezimmer, die sie sich, glaube ich, aus purer Langeweile zugelegt hatte. Viele soziale Kontakte hatte sie nicht, abgesehen von gelegentlichem Ausgehen am Abend mit meinem Vater in irgendwelche Schickimicki-Restaurants oder in Clubs wie das «Sheba» oder das «Six Pence». Ab und zu mal ein Gespräch mit den Nachbarn im Garten oder auf einen Kaffee mit den Eltern meines damals besten Freundes.

Sie fing an zu malen. Nachmittags setzte sie sich an ihre Staffelei; das war ihre Art, sich auszudrücken. Zeitweise besuchte sie sogar eine private Malschule in Blankenese. Mein Vater überraschte sie einmal mit einer neuen Staffelei und einem Architekten-Schreibtisch, einem irre stabilen Teil, das in sämtliche Richtungen höhenverstellbar war. Dazu hochwertige Pinsel und Ölfarben.

Doch für alles gab es bei ihm Grenzen. Als sie mit ihrem Malkurs einmal in die Toskana fliegen wollte und weil dann auch noch ein männlicher Kursteilnehmer bei uns zu Hause anrief, der eine Frage an sie hatte, erklärte mein Vater, dass er das nicht gutheißen könne. Also trat meine Mutter die Reise nicht an, damit Papa beruhigt war. Er war nämlich extrem eifersüchtig. Männer, die meiner Mutter Komplimente machten, merkten am Blick meines Vaters sehr schnell, wann es besser war, die Blickrichtung zu ändern.

Aus heutiger Sicht würde ich sagen, dass meine Mutter an Einsamkeit litt, aber auch am Mangel an Möglichkeiten, ein eigenes Leben zu führen. Ihr gesamtes Dasein war auf die Bedürfnisse meines Vaters zugeschnitten – seine auch mal länger währenden «Geschäftsreisen», die uns von ihm aufgenötigten Übernachtungsbesuche und konspirativen Treffen bei uns zu Hause, der von ihm organisierte private Personenschutz oder die opiumrauchenden Gäste. Im Grunde saß sie den ganzen Tag zu Hause, in einem – wenn auch gut ausgestatteten – goldenen Käfig.

DER COUP
VON
TRAVEMÜNDE

M ein Vater und seine Partner beherrschten ihr «Geschäft», die Manipulation des kommerziellen Glücksspiels, ziemlich perfekt. Und bald weiteten sie ihren Aktionsradius auf das ganze Bundesgebiet aus.

Sie hatten den Vorteil, dass ihre – von internationalen «Experten» perfektionierte – «Hightech»-Variante des Roulettespiels auf ein in solchen Dingen noch beinahe unschuldiges Land traf. Deutschlands Casinos waren ihrer kriminellen Energie anfangs schutzlos ausgeliefert. In der wirtschaftlich boomenden Bundesrepublik wurden damals am Casinotisch riesige Summen verzockt, ohne dass Betreiber, Croupiers und Sicherheitspersonal in Sachen Manipulationsprävention wirklich auf dem Stand waren. Entsprechend leicht hatten es die «Abgreifer».

Doch nicht immer lief die groß angelegte Betrügerei ohne Komplikationen ab. Mein Vater erzählte mir später die folgende Geschichte, ohne die Namen Beteiligter zu nennen: Im legendären Casino in Travemünde, 1825 eröffnet und damit eine der ältesten Spielbanken Deutschlands, sollte mal wieder der Roulettekessel ausgebaut und durch ein «vertrauenerweckenderes», sprich berechenbareres Modell ersetzt werden. Sie waren zu viert, hatten sich Nachschlüssel angefertigt und das Gebäude tagelang observiert, um herauszufinden, zu welcher Stunde mit dem Sicherheitsdienst zu rechnen war, ob es Kameras gab und so weiter.

An einem der Tage ohne Spielbetrieb pirschte das Quartett sich nachts von der hinteren, dem Ostseestrand abgewandten Rückseite über eine Terrasse an das abgedunkelte Gebäude heran. Sie schafften es, die erste Tür zu öffnen, scheiterten aber an einer weiteren Tür im Inneren des Gebäudes. Für solche Rückschläge gab es «Fachleute» im Team. Ein Nachschlüssel musste angefertigt werden, wozu einer der Einbrecher umgehend zurück nach Hamburg raste – und zwei Stunden später tatsächlich mit dem richtigen Türöffner zurückkkam.

Sie drangen ins Herz des Casinos vor. Weiter südlich drehte ein Nachtwächter die Runde, der den Lichtkegel seiner Taschenlampe wenig ambitioniert durch die Gegend huschen ließ – sich zu verstecken, fiel den Einbrechern leicht. Kaum war er verschwunden, begann die eigentliche Arbeit, der wichtigste Teil der Aktion: Sie bauten den massiv aus Mahagoni gearbeiteten Roulettekessel aus. Hochqualitative Roulettekessel haben die Eigenschaft, die Kugel sehr langsam und lange auslaufen zu lassen, vor allem bedingt durch ihr Gewicht. Sie hievten also den originalen Kessel heraus und holten ihren mitgebrachten «Ersatzkessel» aus dem Auto, der sich in Beschaffenheit und Gewicht durch nichts vom Original unterschied – abgesehen von dem entscheidenden Detail, dass die Zahlenfächer manipuliert waren, um für bestimmte Zahlen eine höhere Wahrscheinlichkeit zu ergeben.

Es war eine üble Schlepperei. Das Hineinziehen musste aufgrund der notwendigen Präzession – der Kessel musste dafür exakt auf einem kugelgelagerten Gussteil aufliegen – von einer einzelnen Person bewerkstelligt werden. Das war der Job meines Vaters. Doch plötzlich hörte er die aufgeregte Stimme eines Mitstreiters, der zischte: «Verschwinde, der Nachtwächter kommt schon wieder!»

Zusammen mit dem Kessel schlich mein Vater hinter einen riesigen Vorhang. Er lehnte an der Wand, halb in der Hocke, der Kessel lastete schwer auf Oberschenkel und Becken. Der Nachtwächter musste wohl irgendwas Ungewöhnliches vernommen haben, denn er hielt sich ziemlich lange im Casinosaal auf und leuchtete mit seiner Taschenlampe mehrfach durch den Raum. Mein Vater litt Höllenqualen, das Gewicht des Kessels marterte ihn, der Schweiß rann in Bächen aus allen Poren. Die sieben Minuten, um die der Nachtwächter seinen Kontrollgang ausdehnte, fühlten sich an wie Stunden. Mein Vater atmete schwer, traute sich nicht zu schlucken und zitterte ob der Anstrengung am ganzen Körper.

Endlich verschwand der Nachtwächter wieder, eigentlich gab es ja in einem Spielcasino nach Spielbetrieb auch nichts zu holen. Jetons und Geld waren weggeschlossen. Für solche Operationen, wie das Quartett sie da vorhatte, fehlte den Betreibern die Phantasie – noch! Kaum war der Nachtwächter verschwunden, platzierten sie den Kessel auf dem Roulettetisch, verließen das Gebäude und fuhren zurück nach Hamburg.

Im Auto war die Stimmung geradezu euphorisch. Man brüllte vor Lachen, schlug sich auf die Schenkel. «Dakota, das war olympiaverdächtig», und: «Nächstes Mal trägst du den ganzen Roulettetisch rein», hieß es von den anderen unter Schulterklopfen.

«Ja, gerade mal noch gut gegangen. So ein Idiot von Nachtwächter, ich dachte, der will gar nicht mehr gehen. Ich konnte diesen scheiß Kessel kaum noch halten», antwortete er.

Dann wurde der Lohn für solche Anstrengungen eingefahren. In den nächsten Tagen gingen mein Vater und seine Freunde zum Zocken ins Casino. Natürlich fiel die Kugel nicht jedes Mal ins gewünschte Feld, aber hier war einfach Ausdauer gefragt. Auf lange Sicht und unterbrochen von vielen «Pechsträhnen», die natürlich für die Glaubwürdigkeit wichtig waren, räumten sie sehr viel Geld ab. So eine Abzocke musste binnen weniger Tage geschehen, denn irgendwann würde das Casino registrieren, dass an einem Tisch auffallend viele Gewinne vorkamen, und dann wechselte man den Kessel aus.

Es blieb nicht bei Travemünde. Und es bestand immer die Gefahr, dass sich in den Casinos herumsprach, wer da so viel Geld gewann. Also war es wichtig, nie zu lange an einem Ort zu verweilen. So verreiste mein Vater oft «geschäftlich» – innerhalb Deutschlands nach Baden-Baden, Berlin, München oder auf die Insel Sylt. Aber auch ins Ausland ging es, nach Antwerpen, in die Schweiz oder sogar in die USA. Zurück kam er oft mit großen Geldbündeln, manchmal auch mit einem Kuvert voll mit Diamanten oder Brillanten.

Einmal nach so einer Rückkehr hatten wir abends Besuch, und es wurde mal wieder ausgiebig gegessen, getrunken und gefeiert. Am nächsten Morgen beseitigte meine Mutter die Spuren der Nacht in Wohn- und Esszimmer. Als mein Vater dann auftauchte, um zu frühstücken, fragte er: «Wo sind die Brillanten?» – «Welche Brillanten?», fragte meine Mutter entgeistert zurück. «Na die, die ich gestern mitgebracht habe. Sie lagen in dem Briefumschlag auf dem Wohnzimmertisch ...»

Mein Vater war blass geworden, beide begannen mit der hektischen Suche. «Hast du den Müll schon rausgebracht?», fragte mein Vater. Meine Mutter nickte, und alle spurteten wir zum Müllcontainer, denn der Zufall wollte es, dass gerade die Müllabfuhr vorfuhr. Wir rollten die Tonne zurück in den Garten, und tatsächlich: Nach kurzer Zeit streckte mein Vater das Kuvert mit den Diamanten triumphierend in die Höhe. Keine fünf Minuten später wären die Steine im Wert von einigen zehntausend Mark abtransportiert worden. Die Müllwerker wunderten sich merklich über unser seltsames Treiben.

Egal, was mein Vater von seinen Beutezügen mitbrachte, wir fragten nie, wie die Dinge in seinen Besitz gekommen waren. Nur manchmal erzählte er von sich aus davon. Einmal schleppte er einen antik aussehenden, mit grünem Samt bespannten und mit Messingnägeln beschlagenen «Kinderthron» an, der auf aufwendig gearbeiteten Holzfüßen stand. Er wurde mein absolutes Highlight, fortan fühlte ich mich wie ein Thronfolger.

Das Möbel hatte ursprünglich in der Lobby von «Brenners Parkhotel» in Baden-Baden gestanden. Mein Vater sah diesen Thron und wusste, dass er ihn haben musste – für mich. «Was kostet der Stuhl? Ich zahle jeden Preis ...», sprach er das Personal in der Lobby an. «Tut uns leid, der ist unverkäuflich», war die Antwort. Es nagte in ihm. «Geht nicht» gab es für ihn nicht. Doch Wilfrid und Darius der Perser, mit denen er unterwegs war, beruhigten ihn. «Reg dich nicht auf. Bevor wir nächste Woche abreisen, finden wir einen Weg. Einer lenkt das Personal ab, der andere klemmt sich das Ding unter den Arm.» Und so machten sie es dann auch. Der Kinderthron ist noch immer in meinem Besitz und hat schon die «Inthronisierung» der nächsten Generation hinter sich.

Nicht immer traf mein Vater meinen Geschmack so gut. Einmal brachte er aus der Schweiz eine furchtbare, mit Pelz gefütterte Jacke mit, komplett mit dazu passender Pelzmütze, bei der man die Ohrenschützer neckisch wie Flügel über dem Kopf mit einer Schleife festbinden konnte. Ich sah aus wie ein Habsburger-Spross auf Urlaub in St. Moritz. Peinlich. Ebenso der Schlitten, den er aus Bayern mitbrachte, ein Modell mit nach oben verlängerter, geschwungener Kufe und Stoffbespannung. Es sah aus, als ob man kurz davor war, das Heu almabwärts zu transportieren – cool fand ich den nicht. Alle anderen hatten moderne Plastikschlitten mit Lenkrad. Für die Sorgen und Nöte seines «Kleinen» hatte der ständig umherreisende Dakota nicht immer den richtigen Sinn.

Die Cosa Nostra auf St. Pauli

Erfolgreicher als kleine oder mittelmäßige Ganoven waren mein Vater und seine Freunde vor allem, weil sie stets «groß dachten», sowohl was das technische Knowhow ihrer Tricksereien betraf als auch ihre Kontakte. Sie operierten «global», ehe das Wort Globalisierung überhaupt bekannt war. Sie nutzten dabei das Zusammenwachsen der westlichen Länder und die vielen Reiseerleichterungen für ihre Gaunereien. Und sie kamen so in den Besitz des kriminellen Knowhows aus Ländern, in denen die kriminelle Szene viel «weiter» war als im biederen Deutschland, wobei unter «weiter» skrupelloser, technisch versierter, organisierter zu verstehen ist.

William Ray, genannt «Bill» Davis, war einer der Männer, die bei uns ständig ein und aus gingen und die ich «Onkel» nannte, weil sie ebenfalls zur Familie zu gehören schienen. Bill war in der Gangsterszene ein echtes Schwergewicht. Er bildete die Brücke für Wilfrid und meinen Vater in die «Champions League» des globalen Verbrechens, in amerikanische Mafiakreise. William Ray Davis, so die Langversion seines Namens, soll so etwas wie der deutsche Statthalter der amerikanischen Mafiagröße Carlo Mastrototaro gewesen sein, ein 1920 geborener italienisch-amerikanischer Gangster, der in der Stadt Worcester im Bundesstaat Massachusetts lebte. Sein Kerngeschäft war das Falschspiel.

Davis und seine deutsche Freundin Ursula H. lebten seit Ende der 60er Jahre in Hamburg. Er war für

Deutschland eine Art «Entwicklungshelfer» in Sachen Manipulation des Glücksspiels. Auf Profis wie ihn muss der europäische Glücksspielmarkt damals wie El Dorado beim Eintreffen der Konquistadoren gewirkt haben. In Casinos wurde um hohe Beträge gezockt, die Betreiber aber wirkten geradezu einladend naiv, bei Betrug hatte man den amerikanischen Hightech-Maschen nichts entgegenzusetzen.

Mein lieber Onkel Bill war ein wahrer Virtuose auf seinem Gebiet: Da wurden Backgammon-Koffer in Casinos des Nachts mit magnetischen Flächen versehen, um in Hotels reiche Gäste abzuzocken. Roulettekessel selbst hochwertiger Markenherstellung wie zum Beispiel der Firma John Huxley, der Rolls-Royce unter den Spieltischen, wurden in Frankreich so manipuliert, dass die Wände der einzelnen Zahlenfelder leicht unterschiedliche Höhen hatten, woraus sich höhere Wahrscheinlichkeiten für einzelne Treffer ergaben. Diese Kessel wurden nach Art des Coups von Travemünde nachts heimlich in den Casinos installiert, dazu brach man mit einem «Montagetrupp» ein. Bis der Schwindel aufflog, hatten die Casino-Besitzer in der Regel schon viel Geld verloren.

1981 wurde Bill Davis in Monte Carlo unter dem Verdacht des Falschspiels festgenommen. Seiner Hamburger Freundin Ursula gelang es aber, Chips im Wert von 600 000 Francs zu retten – 200 000 Mark. Die tauchten in einem anderen Zusammenhang in Hamburg wieder auf, doch dazu komme ich später.

Das FBI tauschte sich mit dem Bundeskriminalamt über die Mafia-Kontakte der St.-Pauli-Szene aus, las ich in

Medien. Dabei fiel auch der Name eines weiteren Schulz-Intimus, Joseph Francis Nesline, Jahrgang 1913. Nesline war einst ein Vertrauter der Mafiagröße Meyer Lansky und reiste gelegentlich nach Europa, um Spielcasinos einzurichten. Anfang der 80er Jahre wurde Deutschland von einem wahren Drogen-Tsunami heimgesucht, vor allem ging es um Heroin und Kokain. Den US-Behörden galt Nesline als «Finanzier bedeutender Rauschgifthändler».

Wilfrid Schulz wurden Verwicklungen ins Rauschgiftgeschäft nie nachgewiesen. Er bestritt stets energisch, im Drogenmilieu mitzumischen: «Ich verachte diese Leute», behauptete er, «jeder, der mich kennt, weiß das.» Ob mein Vater und Schulz ins Drogengeschäft eingestiegen sind, entzieht sich meiner Kenntnis. Ich bezweifele es. Klar ist aber, dass mein Vater sein Umfeld stets mit Drogen zum Eigenkonsum versorgte, was ihm auch später nachgewiesen wurde.

Dann war da noch «Onkel» oder auch «Mr. Joe», ein ehrwürdiger, betagter Gentleman, der oft in unserer Küche stand und Pasta bolognese kochte – ganz wie im Klischee. Angerichtet mit einem exzellenten Olivenöl, mit Knoblauch, Sellerie, Möhren, Zwiebeln, Rinderhack, Tomatenmark und Coppa, diesem italienischen Speck aus der Schweinebacke. Mr. Joe wuchs mir wirklich ans Herz. Eigentlich hieß er Giuseppe di Giorgio und war ein in die Rentenjahre gekommener Mafioso. Ihn umwehte die Aura des organisierten Verbrechens ganz großen Stils, wenn auch der Journalist Dagobert Lindau ihn in seinem Bestseller «Der Mob» lediglich als «kriminellen gofer», als «Kaffeeholer» bezeichnet hatte. Der gebürtige Neapolitaner hatte früher für Lucky Luciano, den «Capo di tutti i capi», dem Boss aller Bosse, als Fahrer gearbeitet. Während der Prohibitionszeit soll er die jugendliche Frechheit besessen haben, in New York illegale Alkoholtransporte von Al Capone abzugreifen, um mit dem gestohlenen Whiskey selbst den schnellen Dollar zu verdienen. Es war ein gefährliches Spiel, sich mit Capone anzulegen. Angeblich überlebte er nur wegen der Fürsprache von Lucky Luciano.

Joe arbeitete einst eng mit Meyer Lansky zusammen, dem berüchtigten Finanzgenie der Mafia. Lucky Luciano war 1936 in einem spektakulären Prozess zu 50 Jahren Zuchthaus verurteilt worden, aber nach zehn Jahren wegen «besonderer Verdienste um die Streitkräfte der Vereinigten Staaten» begnadigt worden – eine bis heute nicht ganz geklärte Geschichte, die sich um die Rolle der Cosa Nostra bei der Landung der Alliierten im Krieg auf Sizilien dreht. Teil des Deals der US-Regierung soll es gewesen sein, den gesamten Kreis um Lucky Luciano loszuwerden, man wollte ihn nicht mehr im Land haben.

Meyer Lansky und Giuseppe di Giorgio verlagerten ihre Geschäfte fortan nach Kuba, das zum Tummelplatz der Cosa Nostra geworden war. Als Diktator Fulgencio Batista, Schirmherr aller Paten, am Neujahrstag 1959 der Revolution Fidel Castros weichen musste, war Giuseppe di Giorgio Manager des legendären «Club Tropicana», beworben als das Paradies unter den Sternen. Nat King Cole, Josephine Baker und auch Roberto Blanco sind dort aufgetreten, Édith Piaf, Ernest Hemingway und Marlon Brando waren Stammgäste.

Doch mit der kubanischen Revolution fiel der Vorhang. Amerikas Unterwelt verlor durch den Fall Kubas durch die Beschlagnahme der Clubs und Hotels ein Milliardenvermögen. Zusammen mit Jake Lansky, dem Bruder von Meyer, der sich rechtzeitig aus Kuba abgesetzt hatte, wurde di Giorgio, der sich damals Pierre Javanese nannte, inhaftiert. Vorwurf: Drogenhandel. Allerdings wurde er bereits im Juni ausgeliefert – wieder war er in den Vereinigten Staaten gelandet. Und die wollten ja bekanntlich die Mitglieder der «ehrenwerten Gesellschaft», wie sich die Mafia nannte, loswerden.

Anfang der 70er Jahre verschlug es Onkel Joe also auf die überschaubare Provinzbühne von St. Pauli. Giuseppe di Giorgio fühlte sich in Hamburg wie der letzte Mohikaner, wie der Überlebende einer Zeit, die unwiederbringlich vorbei war. Im Hamburger Milieu zeigte er gern ein Foto herum, auf dem er neben Lucky Luciano zu sehen war. Unter den kleinen Hamburger Ganoven genoss Mr. Joe daher einen geradezu legendären Respekt, eben weil ihn diese goldene Aura umgab. Er war die Gentleman gewordene Erinnerung an die wilden 20er Jahre, die Zeit der großen Verbrechen. Wie ein St.-Pauli-Chronist in der Zeitschrift *Transatlantik* berichtete, erfuhr Mr. Joe allüberall Respektbezeugungen: «Die Portiers der Lokale verneigten sich vor ihm, und auch die Köpfe der Nutten und Eckensteher senkten sich bei seinem Namen wie Ähren im Wind. Betrat er ein Lokal, erstarrten die Eingesessenen zu einer Ehrensekunde des Schweigens.»

In zwei Spielsalons, an denen Schulz beteiligt war, arbeitete er noch einige Jahre als Croupier. Das Milieu re-

spektierte Mr. Joe. Der distinguierte Herr im Nadelstreifenanzug flanierte gern über die Reeperbahn und ging
regelmäßig im «Cuneo» essen. Er war der Einzige, der in
dem Lokal stets eine Stoffserviette bekam.

Ich lernte Mr. Joe als einen netten, freundlichen und
sehr abgeklärten Gentleman mit ausgesprochen guten
Manieren kennen. Mit seiner souveränen und unauf-
geregten Art wirkte er wie eine Figur aus dem Mafiafilm
«Der Pate». Er wohnte sehr weit oben in dem Hochhaus
an der Straßenkreuzung Reeperbahn / Nobistor. Oft haben
mein Vater und ich ihn dort abgeholt und zu uns nach
Hause mitgenommen. Auch an Heiligabend war Mr. Joe
stets bei uns zu Hause, und es war immer ein Heiden-
spaß, wenn er und mein Vater mit der Carrera-Bahn oder
meiner elektrischen Eisenbahn spielten.

Auch wenn ich ihn Onkel nannte, Joe war für mich
eher wie ein Opa. Und er mochte mich vermutlich sehr.
Nachdem er mit meinem Vater anstehende Geschäfte besprochen hatte, brachte er mich ab und an zu Bett. Er
erzählte mir immer eine kurze Geschichte, zumeist auf
Englisch, denn Deutsch konnte er nicht, mitunter ließ
er auch italienische Sätze einfließen. Dann streichelte
er mir über den Kopf, und zum Schluss kniff mich der
Fahrer von Lucky Luciano liebevoll in die Wange, wie er
es auch immer tat, wenn er mich begrüßte.

Als Mr. Joe hochbetagt am 8. September 1979 starb, hielt
der Spiel- und Barbetrieb auf St. Pauli einige Momente
inne, so sagte man damals. Als Joe am 14. September in
der Friedhofskapelle Wedel beerdigt wurde, türmten
sich die Kränze seiner Freunde auf dem Sarg. Auf einem

stand: «Ehrlich und aufrecht war Dein Leben. Vieles hast Du uns gelehrt. Nach Deinem Kodex wollen wir streben. Wir hab'n Dich alle sehr verehrt! Farewell».

Alle erzählten, dass der Kranz von Wilfrid Schulz stamme. In Wahrheit hat mein Vater einen Großteil der Beerdigung organisiert, bezahlt und dafür gesorgt, dass Joe in Wedel auf dem Friedhof seine letzte Ruhe fand – unweit von meinem richtigen Opa, der ein halbes Jahr vorher gestorben war.

MEINE ENTFÜHRUNG – ZUM GLÜCK GESCHEITERT

Die Art der «Geschäfte» meines Vaters mussten zwangsläufig dazu führen, dass er sich Feinde machte, reichlich Feinde, auch mächtige Feinde. Häufiger erreichten uns anonyme Anrufe, meine Mutter und ich lernten irgendwie, damit umzugehen. Meistens blieb es bei üblen Beschimpfungen durch anonyme Anrufer. Seltener schon waren konkrete Drohungen: «Sag deinem Mann, wir bringen dich und deinen Sohn um, es dauert nicht mehr lange», so der Inhalt eines Anrufs, den meine Mutter eines Tages erhielt.

Sie weinte damals. Ich habe aber nie gehört, dass sie meinem Vater wegen solcher Erlebnisse Vorwürfe machte oder einen anderen Lebenswandel einforderte. Wir hatten uns mit diesem Leben arrangiert. Selbst in jungen Jahren hatte ich nie das Gefühl von Angst, für mich war mein Vater mein persönlicher Bud Spencer, mein Jugendidol und Italowesternheld der 70er Jahre, dessen Hau-drauf-Komödien wie «Vier Fäuste und ein Halleluja» bei uns Kultstatus genossen. Und Papa ähnelte ihm auch, was Körperumfang und Durchschlagskraft seiner Rechten betraf. Als wir einmal ein Sechstagerennen in

Bremen besuchten, auf dem Bud Spencer als prominenter Gast angekündigt war, gab es tatsächlich Leute, die meinen Vater nach einer Autogrammkarte fragten. Er gab mir damals das Gefühl des «Rundum-sorglos-Schutzes» mit dem Versprechen, jedes meiner Probleme regeln zu können.

Doch dann wurde dieses Gefühl von Sicherheit auf die Probe gestellt, jedenfalls für die Dauer einiger Wochen. Es war ein schöner Sommertag am Anfang des zweiten Schuljahrs. Ich schlenderte gedankenverloren auf dem Nachhauseweg die Straße entlang. An einer Kreuzung stand ein unauffälliger Wagen, ich glaube, ein VW Golf. Kaum war ich an dem Golf vorbeigelaufen, da hörte ich aufgeregte Rufe. Das Auto fuhr hektisch an, direkt an mir vorbei, die Beifahrertür wurde aufgerissen. Der Mann, der da saß, brüllte etwas Unverständliches und versuchte, mich mit beiden Händen zu packen. Er zerrte an meinem Scout-Ranzen herum und wollte mich in den Wagen ziehen.

Es gelang ihm nicht, weil so ein Menschlein, das an einem Schulranzen hängt, doch ziemlich schwer zu lenken ist. Um diese Zeit war unsere Wohngegend durchaus belebt, und so strampelte ich und schrie, um auf mich aufmerksam zu machen. Mein Um-mich-Schlagen und das wenig koordinierte Vorgehen der beiden Männer verschafften mir etwas Freiraum, und ich rannte, so schnell ich konnte, davon, nur weg von dieser Stelle. Ich schaute nicht, was da hinter mir passierte, ob sie mich im Auto oder zu Fuß verfolgten – keine Ahnung. Ich sprintete mit meinen kleinen Beinen und dem großen Ranzen auf dem Rücken unserem Haus entgegen, gelangte die Auffahrt hinauf und schloss die Hauseingangstür auf. Mama kam mir entgegen, sie hatte mich wohl vor Angst rennen gesehen, kannte den Grund aber nicht.

«Da wollten mich welche ins Auto zerren», erzählte ich aufgeregt. Mein Vater war zu Hause. Sofort rannte er vor die Tür, schaute sich um, drehte eine größere Runde, doch da war niemand mehr. Aus heutiger Sicht hat es sich offensichtlich um einen dilettantischen Entführungsversuch gehandelt. Der Vorfall hat sich nie aufgeklärt. «Brauchst keine Angst mehr zu haben», sagte er, als er zurückkam. Er war ganz ruhig. Und diese Ruhe färbte umgehend auf mich ab. Wenn er das sagte, dann brauchte ich wirklich keine Angst mehr zu haben.

Dann gab es ja noch diese abgesägte Schrotflinte, die stets geladen unter dem Bett im Schlafzimmer meiner Eltern lag und von der ich mir damals wahre Wunder versprach. Und diesen 38er Revolver, Modell M49 «Bodyguard» von Smith & Wesson. Der hat keinen Abzugshahn, an dem man hängen bleiben kann, wie mir mein Vater erklärte. Wir waren bewaffnet, alle anderen nicht, und das fühlte sich gut an.

Wenn ich mal abends allein war und einen angsteinflößenden Film sah, damals liefen die ersten Thriller, Science-Fiction- und Actionfilme in den bis dahin biederen deutschen Kanälen ARD und ZDF, dann nahm ich den 38er in die Hand und fühlte mich sicher. Mein Vater hatte auch ein Holster für den Revolver, das band er sich ans rechte Fußgelenk. Ich habe das auch ausprobiert, aber das Holster war viel zu groß und schlotterte an meinem

Bein herum. Trotzdem steckte ich meine Erbsenpistole da rein und spielte «Gangster».

Überflüssig zu erwähnen, dass nicht einmal meine Mutter auf die Idee kam, nach dem gescheiterten Kidnapping die Polizei zu rufen. Uns allen war bewusst, dass wir derartige Situationen selbst meistern mussten. Unser Wohlstand war außerhalb der legalen Gesellschaft entstanden, also mussten meine Eltern unseren Schutz auch außerhalb dieser Ordnung organisieren. Mein Vater war felsenfest davon überzeugt, dass dieser Schutz wirksamer war als jeder durch die Staatsmacht, die er ohnehin für schwach hielt.

«Wundere dich nicht, wenn da in den nächsten Tagen immer ein Auto vor der Schule steht», sagte mir mein Vater am Abend. Tatsächlich hatte ich in den folgenden Wochen meinen eigenen Personenschutz. Eine weiße Corvette folgte mir alsbald wie ein Schatten, das machte mich irre stolz. Ich fühlte mich wie ein wichtiger Politiker oder Superstar. Ich hätte gern damit ein bisschen vor meinen Freunden angegeben, aber das verkniff ich mir. Das hatte ich bereits gelernt, dass es Dinge gab, die die anderen unter gar keinen Umständen mitbekommen sollten. Es reichte ja schon, dass sie ahnten, dass wir anders waren.

Zwei Männer schliefen also fortan auf der großen Terrasse, wir haben gelegentlich mit ihnen gegrillt. Doch wirklich umgänglich waren sie nicht. Man spürte, dass diese mitunter finster dreinblickenden Endzwanziger einen Job machten, in dem es nicht darum ging, soziale Kontakte zu intensivieren. Dennoch waren es für mich Spielkameraden.

Der Mafioso im Bettkasten

itte April 1980 ging mein Vater mal wieder für einige Tage auf «Dienstreise», er müsse was Geschäftliches regeln, sagte er uns. Als er am Sonntag darauf am Abend zurückkam, brachte er einen Freund mit, der sich förmlich bei uns «einschlich». Das fiel mir wirklich als Erstes auf: Er huschte in der Dunkelheit raus aus dem Auto und rein in unsere Wohnung. Erst später wurde mir klar, warum.

Der Mann war schätzungsweise Anfang 30, sah sehr gut aus – dunkle, kurze Haare, sportlich elegantes Outfit, ein freundliches Gesicht und sehr höflich. Er sprach nur sehr gebrochen Deutsch mit einem starken slawischen Akzent. «Das ist Berry, der spielt in der Band von James Last», erklärte Papa, «und er wohnt jetzt für ein paar Tage bei uns.» Ich musste mein Zimmer räumen und schlief auf dem Sofa im Gästezimmer, Berry bedankte sich bei mir und streichelte mir den Kopf. Ich mochte ihn sofort. Als Berry in meinem Zimmer verschwunden war, nahm mich mein Vater ins Gebet: «Falls dich jemand fragt, wer unser neuer Gast ist, sagst du das mit James Last, verstanden? Und dass Berry aus dem Ausland ist und kein Deutsch versteht. Er wohnt bei uns, bis die Konzerte in Norddeutschland zu Ende gespielt sind.»

Ich wunderte mich nicht darüber, dass ich instruiert wurde, was ich anderen Menschen zu erzählen hätte. Ich wunderte mich aber ein bisschen, dass es offensichtlich doppelt geschah. Aber ich stellte keine Fragen.

Am nächsten Tag, als ich aus der Schule kam, war Berry immer noch da – und spielte gegen die Wand Strandtennis, dieses Spiel, wobei man mit einem Plastikschläger einen Schaumstoffball schlägt. Als ich in der Wohnung eintraf, lugte er durch den Türspalt der nur etwas geöffneten Kinderzimmertür. «Challo, Charly», sagte er mit diesem harten Akzent, viel mehr konnten wir uns nicht unterhalten. Dafür spielten wir jetzt gegeneinander Softball und boxten mit meinen Boxhandschuhen, die mir Wilfrid geschenkt hatte.

Als Papa am Abend kam, schlug er ein gemeinsames Spiel vor, nein, ordnete es an: Berry musste sich unter meine Matratze in den Kasten meines Bettes legen, gleichzeitig musste ich mich blitzartig umziehen – raus aus den Klamotten, rein in den Schlafanzug. Dann sollte ich mich ins Bett legen und so tun, als sei ich krank, während Berry sich unter meiner Matratze im Bettkasten nicht regen durfte. Das übten wir mehrfach, ich fand es lustig. Aber es war natürlich als Vorbereitung auf den Fall gedacht, dass es eine Hausdurchsuchung der Polizei geben würde.

Mir fehlte die Phantasie, zu erraten, warum sich ein Bandmitglied des Orchesters James Last in einem Bettkasten verstecken sollte, aber was wusste ich als Neunjähriger schon – es war mir auch egal. Und ich war es ja gewohnt, seltsam anmutende Dinge stoisch als gegeben hinzunehmen.

Hätte ich am Abend zuvor die Tagesschau eingeschaltet, dann hätte ich vermutlich einen Bericht aus Wuppertal gesehen, auch wenn ich ihn wohl nicht so schnell in einen Zusammenhang mit Berry gebracht hätte: In die Mauer der Justizvollzugsanstalt im Stadtteil Bendahl war ein immerhin 2,15 Meter hohes und 1,07 Meter breites Loch gesprengt worden. Mit einer Ladung Dynamit. «Es war der beste Bums der deutschen Gefängnis-Geschichte», schrieb der *Spiegel* über den Ausbruch. Es war ein Coup der kalabrischen «Ndrangheta», der international für Aufsehen sorgte.

Eine Gruppe von fünf Gefangenen, eben aus der Gefängniskirche kommend, war in Richtung der zerstörten Mauern gestürmt. Drei von ihnen, der Italiener Arcangelo Maglio, Branislav Saranovic und Jovan Osmajlic aus dem zum damaligen Jugoslawien gehörenden Serbien, waren in einen mit laufendem Motor bereitstehenden Alfa Romeo gesprungen, in dem bereits ein Helfer saß. Zwei Gefangene waren offenbar in die spektakuläre Befreiungsaktion nicht eingeweiht gewesen, hatten sich dennoch spontan zur Flucht entschlossen, gerieten indessen nach kurzer Zeit den Häschern auf einem Weg entlang der Wupper in die Fänge.

Berry vom «James-Last-Orchester» war in Wahrheit Jovan Osmajlic, der 31-Jährige wurde in der Szene «der Schöne» genannt. Laut Anklage hatte Jovan als «Sicherheitsbeauftragter» des Spielcasinos «Sabra» in der Düsseldorfer Luisenstraße, in dem auch mein Vater oft verkehrte, zwei Konkurrenten niedergeschossen, darunter eine Düsseldorfer Halbweltgröße. Nach dem «Wuppertaler Bums» sprach die Polizei von «einer neuen Qualität, die da sichtbar wird» – mal wieder. «Das Gewerbe der Befreiten erinnert an italoamerikanisches Format», hieß

es wiederum im *Spiegel*, der auf Kripo-Erkenntnisse ver-
wies, denen zufolge die drei Ausbrecher «zu einem jugo-
slawisch-italienischen Clan von möglicherweise 50 Mann,
der überregional operiert», gehörten: «Mal beordert er
einen Killer aus Italien für einen Mord nach Deutschland, mal einen Jugoslawen zum Killen nach Wien; dann
wieder räumt er mit einem Sonderteam hier und da in
Europa illegale Spielcasinos mit Waffengewalt ab.»

Berry, der eigentlich Jovan hieß, verbrachte noch
den ganzen Tag bei uns zu Hause und verschwand dann
abends zusammen mit meinem Vater. Otto, der pensionierte Ingenieur von MBB, der im Souterrain unseres
Hauses lebte, fragte mich Tage später, wer denn unser
Besucher sei. Ich erzählte ihm die James-Last-Geschichte.
Zum Glück gab es ja damals keine Möglichkeit, so etwas
zum Beispiel im Internet auf seinen Wahrheitsgehalt hin
zu überprüfen. Ich selbst hatte allerdings inzwischen erhebliche Zweifel an Papas Version. Doch Otto war nicht
misstrauisch, und er mochte uns ja.

Berrys «Gastspiel» dauerte nur eine Woche. Eines
Morgens wachte ich auf und fand ihn nicht mehr in meinem Zimmer. Ich war sehr traurig. Auch mein Vater war
verschwunden, etwa eine Woche lang. «Ich habe Berry
über die grüne Grenze außer Landes gebracht», erzählte
er mir, als er zurückkam. «Freunde haben ihn in Empfang genommen, alles ist gut gelaufen.» Von James Last
war keine Rede mehr.

Vater hatte einen Tipp bekommen, dass die Polizei dem
Ausbrecher auf die Spur gekommen war und ihn in Hamburgs Unterwelt vermutete. Wilfrid Schulz und mein Va-

ter hatten Zuträger bei der Polizei, so viel stand damals fest. «Du hast vielleicht geahnt, dass ‹Berry› gar nicht Berry hieß. Er wurde aus einem Gefängnis befreit, mit Sprengstoff», sagte mir mein Vater Wochen später eher beiläufig. Er fand mich offenbar alt genug, mit solchen Eröffnungen umgehen zu können. Ich war stolz, dass er diese Dinge mit mir teilte, dass er mir vertraute. Das bestärkte mich in meiner Haltung, nichts von «unseren Geheimnissen» preiszugeben und die von ihm gelieferten Legenden auch weiterhin brav zu verbreiten.

Man kann es auch so sehen, dass mein Vater uns als Familie sehr gut «unter Kontrolle» hatte, was seine Geheimnisse betraf. Bekanntermaßen bilden gerade Kinder ja oft die Schwachpunkte, weil sie eben alles ausplaudern und sich so ungern kontrollieren lassen. So gesehen habe ich ihm das Leben aber einfach gemacht und so funktioniert, wie er sich das vorgestellt hat.

Aus heutiger Sicht kann ich mir vorstellen, dass meine Freunde in mir einen eher verschlossenen Mitmenschen sahen, der über familiäre Dinge ungern sprach. Sie akzeptierten das aber und bohrten auch nicht groß weiter. Als mein Vater eines Sonntagmorgens im Mercedes mit heruntergekurbelten Scheiben langsam durch unsere Gegend fuhr, rief mein Freund Felix aus seinem Zimmer im Bockhorst schräg gegenüber von uns ihm laut zu: «Hallo, Mafioso!» Papa lachte und winkte zurück. Niemand in der Gegend hatte offenbar eine Illusion über unseren Status.

Während das Versteckspiel mit Berry alias Jovan Osmajlic für mich ein spannendes Abenteuer war, stand meine Mutter unter Stress. Sie schätzte die Risiken solcher Aktionen natürlich realistischer ein. Sie litt ganz sicher unter Schlaflosigkeit und lebte in ständiger Angst, die Polizei könne das Haus stürmen. Als Berry ging, war sie heilfroh.

DIE GELDBÜNDEL FLOGEN AUFS FENSTERBRETT

ich habe als Kind den Wert von Geld nicht wirklich schätzen gelernt. Es war einfach immer da. So wie das Wasser, wenn man den Hahn aufdreht.

Es war wirklich so. Kam mein Vater abends nach Hause, dann warf er ein mit Gummiband zusammengehaltenes Bündel Bargeldnoten auf das Fensterbord über der Heizung. Sehr früh schon wusste ich, dass auf dem braunen 1000-DM-Schein so ein zotteliger, grimmig dreinblickender Mann abgebildet war. Und ich kannte auch den Mann, der aussah wie ein Pirat mit so einer Art Dreispitz auf dem Kopf auf dem 500-DM-Schein.

Eines Samstags schickte mich mein Vater mit einem solchen Fünfhunderter los, um in der Nähe im «A&O»-Markt Brötchen und drei Zeitungen zu kaufen. Als ich dort ankam, stellte ich fest, dass ich das Geld verloren hatte. Ich war verträumt und hatte nicht aufgepasst. «Das gibt richtig Stress», dachte ich. Ich bekam meine Brötchen, *Bild*, *Hamburger Morgenpost* und *Abendblatt* ohne Geld, schließlich kannte man uns.

«Papa, ich habe das Geld verloren», sagte ich demütig – ein Donnerwetter erwartend. «Dann geh den Weg noch mal auf und ab», sagte er ganz ruhig, «vielleicht hast du ja Glück und findest ihn ...» Ich lief den Weg hin und zurück. «Hab ihn nicht gefunden», sagte ich, als ich zurückkam. «Schon blöd» war alles, was er sagte. Das war's, Thema erledigt.

Mitunter verlor mein Vater selbst den Überblick über sein Geld. Ab und zu fiel eines der mit Gummiband zusammengerollten Geldbündel hinter die Heizung. Ich fand mal eines beim Spielen mit meinen Matchboxautos und gab es Mama. Die steckte es ein – und ging vergnügt ins Elbeeinkaufszentrum shoppen. Mein Vater hat das Bündel, vielleicht 5000 DM im Wert, gar nicht vermisst.

Wenn ich ins Kino gehen wollte, bekam ich einen 20-DM-Schein mit, obwohl die Vorstellung damals nur 3,50 DM kostete. Das Restgeld gab ich dann für Popcorn und Cola aus – natürlich auch für meine Freunde, die stets davon profitierten. Wenn wir zum Schwimmen ins Freibad Blankenese gingen, bekam ich ebenfalls einen Zwanziger mit, obwohl der Eintritt nur 1,50 DM kostete. Dafür aß ich dann zwei Mal Pommes und kaufte noch zwei Waldmeister-Slash-Eis. «Ich hätte ja auch gern noch eine Portion Pommes, aber mein Geld reicht ja nicht», sagte einer meiner Freunde mit gespielter Trauer in der Stimme. Also bekam auch er seine zweite Portion. Der 20-Mark-Schein war mein Kleingeld, kleineres Geld bekam ich von meinen Eltern nie.

Und immer wenn ich Geld brauchte, erhielt ich es anstandslos. Mehr noch: Auch die Freunde meiner Eltern steckten mir welches zu. Mal ein Fünfziger von Ringo, mal ein Hunderter von Onkel Wilfrid. Genauso verfuhr mein Vater, wenn er Marlon, den Sohn von Ringo Klemm, sah, der im Lauf der Jahre mein Freund wurde. Wir verbrachten nicht nur viel Zeit miteinander, sondern teilten auch das Gefühl, so eine Art «Ganoven-Kid» zu sein. Seit meinem fünften Lebensjahr gluckten wir zusammen, sobald sich unsere Eltern trafen. Er war ein Jahr jünger als ich und übernachtete oft bei uns.

Wir sind bis heute Freunde geblieben. Heute sehen wir uns nicht mehr oft, haben aber eine lange, gemeinsame Vergangenheit. Und wir stammen aus ähnlichen Verhältnissen. Wir sind die Söhne sehr dominanter Vaterfiguren, deren Betätigungsfeld das Rotlichtviertel St. Paul war. Das verbindet. Allein schon deshalb, weil wir früh lernten, über viele Dinge, die unsere Familien betrafen, nicht zu sprechen.

Marlon wuchs auf St. Pauli auf, hatte später lange, blond gelockte Haare und war ein echter Sunny-Typ, stets gut gelaunt und immer einen witzigen Spruch auf den Lippen. Uns verbindet übrigens auch, dass wir beide später eine Ausbildung zum Koch absolvierten. Heute veranstaltet er Führungen durch St. Pauli.

Es war Anfang der 80er Jahre, ich war elf oder zwölf Jahre jung, die Zeit, in der Marlon oft bei uns übernachtete. An einem Frühjahrstag strichen wir in meiner Wohngegend ums Eck, als uns ein seltsamer Mann auf Rollerblades entgegenkam: auf dem Kopf ein schwarzes Baseballcap mit kleinen Plastikflügeln an den Seiten, darunter wehten lange blonde Haare hervor.

Wir erkannten ihn natürlich sofort, alle kannten ihn damals schon – Otto Waalkes. «He, Otto», grüßte ich ihn wie einen alten Bekannten, und er grüßte uns zurück. «Wie kommt denn der Otto hierher?», fragte mich Marlon. «Der wohnt hier ein paar Straßen weiter, wusstest du das nicht?», antwortete ich mit einer Gegenfrage etwas naseweis. «Ach ja, klar doch», sagte er.

«Lass uns doch mal bei ihm klingeln und nach einer Autogrammkarte fragen», schlug er dann vor. Und schon machten wir uns auf den Weg. Marlon traute sich aber nicht, also musste ich an der Eingangstür zu Ottos Villa klingeln. Seine damalige Freundin und spätere Frau Manu öffnete. «Können wir Autogrammkarten von Otto haben?», fragte ich. «Otto, da sind Fans von dir», rief sie nach hinten. Der Meister kam und brachte uns einen Stapel Karten.

Weil das so gut geklappt hatte, kam mir eine Idee – und ich klingelte ein paar Tage später abermals. «Otto, dein Freund ist wieder da ...», rief Manu nach hinten. Allmählich wurde ich im Hause Waalkes bekannt. Ottos Autogrammkarten tauschte ich in der Schule gegen Milchkarten, die hatten einen Preis von 20 Pfennigen. Als ich wenige Tage später den nächsten Stapel Autogrammkarten holen wollte, fragte Otto: «Du warst doch erst vorgestern da, was machst du eigentlich mit den Karten?» «Ich verkaufe sie», sagte ich. «Und was bringen die?», fragte Otto. «Ich tausche sie gegen Milchkarten im Wert von 20 Pfennig», sagte ich. Otto verzog das Gesicht etwas säuerlich und sagte gleich danach mit leuchtenden Augen: «Okay, ab jetzt bekomme ich die Hälfte, wir ziehen das ganz groß auf ...»

Ein anderes Mal ging ich mit Freunden zu Otto, um

im Garten Laub zu harken. Danach klingelte ich wieder, und er kam nur mit einem Badehandtuch bekleidet an die Tür. «Was gibt's denn?», fragte er. «Wohin mit den Haufen?», fragte ich. «Was, ihr wollt mir in den Garten scheißen?», kam von ihm, und wir mussten alle lachen. So war er eben, immer witzig. Irgendwann rief Otto: «So, Jungs, Pause, alle reinkommen zur Stärkung.» Drinnen setzten wir uns auf den Fußboden, es gab Kakao, und Otto holte seine Gitarre und sang uns Lieder vor – die meisten kennt man immer noch, seine Blödel-Version von «Im Frühtau zu Berge» zum Beispiel. Oder den «Schwamm-drüber-Blues». Er gab eine kleine Privatshow für die Jungen aus der Nachbarschaft.

Bud Spencer, Zinksärge und Goldjungen

Lebendig, heiter, geradezu ausgelassen ging es bei uns zu Hause zu, wenn der beste Freund meines Vaters vor der Tür stand: Horst Frank. Im Unterschied zu Wilfrid gab es keinerlei geschäftliche Überschneidungen, die den 14 Jahre älteren Schauspieler mit meinem Vater verbanden. Beide liebten das Feiern, Geldausgeben, Luxus und Dekadenz. Damals war Horst einer der am meisten beschäftigten Schauspieler Deutschlands, bekannt aus zahlreichen Kinofilmen wie «Der Stern von Afrika» oder «Hunde, wollt ihr ewig leben». Meine Generation bringt ihn vor allem mit dem Bösewicht Baron de Lefouet in der

TV-Serie «Timm Thaler» in Verbindung. Überhaupt hatte es Horst Frank in der Verkörperung von Bösewichtern zur wahren Meisterschaft gebracht. Er beherrschte es, so durchdringend und eiskalt zu blicken, dass einem Schauer über den Rücken laufen konnten, dazu passte seine markante, tiefe, knarzige Stimme. Als «Böser» spielte er in einer Liga mit dem anderen deutschen Schurkendarsteller Klaus Kinski. Wie viel von den Schurken, die er spielte, in Horst Frank selbst steckte, weiß ich nicht, jedenfalls zog es ihm im wahren Leben auch in Hamburgs Ganovenwelt.

Besuchte er uns, kam er stets in Begleitung seiner 17 Jahre jüngeren Dauerfreundin Brigitte Kollecker, einer hübschen Blondine, die allerdings in Horsts Freundeskreis, also auch bei meinen Eltern, eher in Kauf genommen als gemocht wurde. Sie war eine Nervensäge, sich stets in den Vordergrund drängend. Der gesamte Freundeskreis reagierte enttäuscht, als beide dann 1979 doch noch heirateten.

Die Abende bei uns waren legendär. Mit seiner markanten Stimme unterhielt Horst die ganze Runde, wenn er zum Beispiel «My Way» von Frank Sinatra sang, Helmut Schmidt und Franz Josef Strauß karikierte oder zu Chuck Berry tanzte. Alle wieherten vor Lachen, Koks und Alkohol sorgten für Hochstimmung.

Horst erschien stets top angezogen, gern mal im weißen Anzug mit Krokodillederschuhen. Die Frauen erschienen im sexy Fummel mit hohen Stiefeln wie die Girls von Abba. Blieb diese Partygesellschaft, an der auch Wilfrid und das «Eichhörnchen» gelegentlich teilnahmen, bei uns, anstatt noch in die Stadt aufzubrechen, dann ging man oft erst auseinander, wenn sich das erste Tageslicht ankündigte. Ich schlief natürlich längst in meinem Kinderzimmer. Beliebt war es aber auch, mehrere Taxen kommen zu lassen und dann ließ sich die ganze Gesellschaft in damals populäre Clubs und Bars chauffieren – ins «Chesa» am Schlump, ins «Six Pence» an der Eppendorfer Landstraße 80 oder in den «Mc Donalds Club». Horst war ein echtes Party-Monster, der auch gern mal andere Leute auf die Schippe nahm, indem er ihnen zum Beispiel eine Rolle als Indianer im nächsten Django-Film versprach oder erzählte, er heiße eigentlich Eddy Arendt.

Ich mochte Horst Frank, weil er sich immer sehr intensiv mit mir beschäftige, wir kämpften und blödelten herum. Er schenkte mir Batterien von Hörspiel-Platten, die er selbst besprochen hatte, «Die drei ???», «20 000 Meilen unter dem Meer» und natürlich «Timm Thaler» darunter.

Kennengelernt hatten sich Horst und mein Vater beim Dreh zum Film «Die Engel von St. Pauli», bei dem der legendäre Jürgen Roland Regie führte, der mit vielen Filmen zu einer Art «Chronist» von St. Pauli geworden war. Denn aus meinem Vater wäre um Haaresbreite ein Schauspieler geworden. Wobei seine Kenntnisse der Rotlichtszene und seine guten Kontakte in die Filmszene ihm die Türen öffneten. Jürgen Roland engagierte meinen Vater auch für die Filme «St. Pauli-Report» und «Zinksärge für die Goldjungen».

Papa lernte während der Aufnahmen auch den späteren Moderator Dénes Törzs kennen, der in «Die Engel von St. Pauli» eine Nebenrolle spielte. Mein Vater mochte Törzs nicht, fand ihn arrogant und aufgeblasen. In einer Szene sollte er Törzs gegen einen Schrank werfen, der an einer Stelle so präpariert war, dass die Holzfront schnell brach. Mein Vater warf ihn stattdessen gegen die nicht präparierte Seite des Schranks, entschuldigte sich später scheinheilig bei Törzs, dessen Schulter ordentlich geschmerzt haben muss.

Seine Auftritte in diesen Streifen waren mehr als nur ein Freundschaftsdienst von beiden Seiten, denn mein Vater konnte sich selbst spielen und diesen Filmen mit seinem Insiderwissen über die Rotlichtszene St. Paulis eine authentische Kiez-Aura einhauchen. «Du hast Talent, Uwe, warum konzentrierst du dich nicht weiter auf die Schauspielerei», sagte Jürgen Roland zu meinem Vater, der es später wiederum mir erzählte. «Bei mir hättest du in jedem Fall immer eine Rolle», soll Roland ihm noch mit auf den Weg gegeben haben.

Und er kassierte für seine Rollen beachtliche Gagen, gemessen an dem, was damals üblich war, dazu kam sogenanntes «Wiederholungsgeld», wenn der Film nochmals im Fernsehen lief.

Mein Vater musste jedes Jahr lachen, wenn er die Abrechnungen sah, die ihm überraschend zugesandt wurden, weil er gar nicht wusste, wie oft diese Filme, von deren Qualität er nicht wirklich überzeugt war, wieder und wieder gezeigt wurden. Letztlich stieg er aber nicht tiefer ins Filmgeschäft ein und betrachtete die ihm gelegentlich angebotenen Filmrollen als Zubrot, vor allem aber als eine Nebenbeschäftigung, die ihm Spaß machte.

Dass er sich weiter für seine Karriere in der «Schatten-wirtschaft» entschied, war eine kühle, ökonomische Ent-scheidung: Er verdiente damit einfach unvergleichlich mehr und einfacher Geld, in jedem Fall mehr als in der Filmbranche. Vielleicht war er zu diesem Zeitpunkt aber auch noch nicht reif für den Ausstieg aus den Gaune-reien, vielleicht war er einfach noch nicht so weit, war charakterlich noch nicht so gefestigt.

Etwas Gutes hatten diese Ausflüge ins Filmgeschäft auf jeden Fall: Meine Eltern umgaben sich nicht mehr nur mit Halbweltgrößen, sondern zunehmend mit den be-reits erwähnten Sternchen aus dem Filmgeschäft. Zu den neuen Freundinnen und Freunden gehörte zum Beispiel Johanna König, bekannt als Clementine, die «Sauber-frau der Republik» aus der Ariel-Werbung. Die gebürtige Dresdnerin, der man den sächsischen Dialekt noch an-hörte, war mit Felix Hock verheiratet, der wiederum als Produzent für Jürgen Roland arbeitete.

Zu dieser Zeit sprachen mein Vater und meine Mutter auch Hörspiele ein. Einmal sollte er für eine Produktion nach Berlin reisen, hatte aber keine Lust dazu. Um nicht fahren zu müssen, stellte er unmögliche Forderungen: Er hätte gern einen Fahrer, wolle in einem Fünfsternehotel nächtigen, jeden Tag müsse in seinem Zimmer eine Fla-sche Chivas Regal stehen. Okay, sagte der Mann von der Produktionsfirma – und meinem Vater fiel kein Grund mehr ein, um abzusagen. In Berlin wurde stets hem-mungslos gefeiert – und immer gern mit dem Musiker Paul Kuhn und dem Schauspieler Günter Pfitzmann, die er gut kannte.

Ich kann mir auch vorstellen, dass mein Vater diese Ausflüge ins Filmgeschäft unternahm, um dafür das zu bekommen, was ihm stets verwehrt worden war und was sich mit Geld nicht erkaufen ließ: Anerkennung, vor allem von seinen Eltern. Tatsächlich platzte meine Oma, Vaters Mutter also, beinahe vor Stolz auf ihren Jungen und gab kräftig damit an, als der Film «Zinksärge für die Goldjungen» im Wedeler Kino Premiere hatte und überall Plakate mit dem Konterfei meines Vaters hingen. Es war meiner Erinnerung nach wohl das einzige Mal, dass sie ihm tatsächlich so etwas wie Anerkennung entgegenbrachte. Denn grundsätzlich würde man das Verhältnis meines Vaters zu seinen Eltern als «kompliziert» bezeichnen, und es war auf jeden Fall sehr oberflächlich.

Der Stolz auf ihren schauspielernden Sohn hielt jedoch nicht lange vor. Ob denn noch andere Filmprojekte geplant seien und ob denn bald größere Rollen als die eines Nebendarstellers auf ihn warteten, ließ sie in Gesprächen nebenbei fallen. Mein Vater war mal wieder bedient. Meiner Großmutter waren eben zwar Prestige und Ansehen wichtig, weniger interessierte sie indes, wie es ihrem Jungen wirklich ging. Wichtig war ihr, dass er oberflächlich Erfolg ausstrahlte, die Leute zu ihm aufblickten, er etwas «Vorzeigbares» repräsentierte. Eine Schauspielkarriere hätte meinen Großeltern daher gefallen. Dass sich ihr Sohn aber eine gewisse Prominenz als «Ganove» erarbeitet hatte und in den Medien für negative Schlagzeilen sorgte, passte ihnen dagegen gar nicht. Nicht weil sie das für Unrecht hielten, sondern weil «die Leute redeten».

Während sich vor allem meine Oma für die traurige Berühmtheit ihres Sohnes schämte, versuchte dieser, sich die Anerkennung seiner Eltern mit noblen Geldgeschenken zu erkaufen. Das ging sogar so weit, dass er stets 50 Mark hinterlegte, wenn ich bei meinen Großeltern mal übernachtete, «Der Junge isst ja so viel», begründete die Oma, warum sie das auch erwartete. Selbst ich musste ihr mitunter mein Taschengeld geben, das mein Vater mir eigentlich für einen Besuch des Wedeler Jahrmarkts mitgegeben hatte. «Du weißt ja, wo mein Sparschwein steht», meinte sie.

Als ich das anschließend meinem Vater erzählte, lachte er zwar, aber ich sah auch seinen traurigen Blick. Mit diesem Geld aus meinem Sparschwein wurde dann gelegentlich einer meiner Onkel versorgt, falls die jüngeren Brüder meines Vaters abends losziehen wollten. Sie wohnten noch zu Hause.

Mein Vater wurde also kein hauptberuflicher Schauspieler, für mich wurde er aber endgültig zum Bruce Lee, besser zum Bud Spencer im Film meines Lebens, als ich Zeuge einer Szene wurde, die wir zusammen mit Horst Frank erlebten.

Dakota-Uwe ist nicht zu bremsen

Ich war acht oder neun Jahre alt, wir waren auf dem Hamburger Dom, dem größten Volksfest des Nordens. Es findet auf dem Heiligengeistfeld statt, einem großen

Platz hinter dem Millerntor-Stadion des FC St. Pauli und in direkter Nähe zur Reeperbahn. Papa, Mama und ich waren dort mit Horst und Brigitte, die inzwischen seine Ehefrau geworden war, dazu deren Tochter, zwei Jahre älter als ich. Die Losbuden hatten damals immer riesige Plüschfiguren als Hauptgewinn, in diesem Jahr war es «Kimba, der weiße Löwe». Diese legendäre Manga-Serie lief damals im Fernsehen und war unter meinesgleichen der heiße Scheiß, wie man heute sagen würde. Ich wollte also unbedingt diesen Riesen-Kimba gewinnen – und gewann ihn auch. Allerdings nicht aufgrund des Losglücks, sondern weil mein Vater dem Losverkäufer 100 DM zusteckte und er ihn sofort vom obersten Podest des Wagens herunterangelte.

Mein Wunsch war erfüllt, und so ertrug ich es ohne Murren, dass wir anschließend in eines dieser Bierzelte gingen, «Zum Ochsen» hieß es, und dort bei scheppernder bayerischer Volksmusik Grillfleisch aßen, Fassbrause und Bier tranken. An einem der Nebentische saßen acht bayerische Fußballfans, hoffnungslos betrunken und entsprechend großmäulig. Sie warfen mit Krügen, pöbelten die Leute an; um sie herum wurde es immer leerer, doch die Kapelle spielte eisern weiter. Es war eine beklemmende Stimmung, das Personal griff ob der offensichtlichen Übermacht und der zu erwartenden Skrupellosigkeit der Betrunkenen nicht ein. Das ging so, bis einer der Betrunkenen aufstand und einem am Nachbartisch sitzen gebliebenen alten Ehepaar ein Bierglas wegnahm.

Wir alle hatten schon sehr früh mitbekommen, dass mein Vater mit sich rang und kurz vor der Explosion stand. «Uwe, bleib ruhig, lass sie doch», hatte Horst Frank interveniert. Doch die Geduld meines Vaters hatte Grenzen, die jetzt überschritten wurden, nichts hielt ihn mehr zurück. Der schwere Mann sprang auf, hob den Tisch der Bayern an, ließ ihn einmal nach rechts schwenken, sodass die vier auf der einen Seite der Tafel sitzenden Hooligans nach hinten wegkippten. Dann war die andere Seite dran. Die kurze Phase der Konfusion ausnutzend, ging er zum Nahkampf über, seine Fäuste flogen, ein Fußballfan nach dem anderen flog durchs Bierzelt. Ich kannte solche Szenen nur aus Filmen mit Bud Spencer – doch das hier war die Wirklichkeit.

Das Gemetzel dauerte vielleicht zehn Minuten. Fliehende wurden noch mit einem Tritt in den Hintern nach draußen befördert. Gab es am Anfang noch den zaghaften Versuch der Bayern, sich zu wehren, so endete die Bierzeltschlägerei nach wenigen Minuten in ihrer wilden Flucht.

Anschließend kam das Personal mit einem Behälter Eis vorbei, die Fäuste meines Vaters waren etwas aufgerissen und mussten gekühlt werden. Schon kam die Polizei, wurde von den lädierten Bayern bestürmt: «Es ist eine Frechheit, wie hier mit Touristen umgegangen wird!» Doch schnell meldeten sich Zeugen, die aussagten, was eigentlich passiert war; einer davon gab sich als Polizist zu erkennen, der meinen Vater umgehend entlastete. Wir wunderten uns nur, dass er nicht eher eingegriffen hatte. Für mich hätte mein Vater an diesem Tag den Oscar verdient gehabt – als größter Action-Darsteller in dem Film, der mein Leben war.

Diese Impulsivität hatte mein Vater möglicherweise wiederum von seinem Vater ererbt. Als Opa irgendwo las oder hörte, dass jemand meinem Vater nach dem Leben trachtete, fuhr er auf den Kiez – bewaffnet mit seiner alten Wehrmachtspistole. Er setzte sich auf den Hans-Albers-Platz und verlangte von den Leuten im «Chikago», die er für die Freunde meines Vaters hielt: «Bringt mir den Kerl her, ich knalle ihn ab.» Irgendwer rief dann meinen Vater an und sagte: «Da sitzt ein naher Verwandter von dir auf dem Hans-Albers-Platz und will deinen Widersacher abknallen.»

Vermutlich dachte mein Vater, es gehe um seinen Bruder Peter, dessen Spezialität es war, sich durch den Kiez zu schnorren und nach Champagner-Orgien im «Salambo» eine Spur der Schulden zu hinterlassen, mit dem Hinweis, mein Vater, sein Bruder also, löse sie aus. Er war jedenfalls überrascht, diesmal seinen Vater zu sehen. «Bist du verrückt? Was soll das?», fragte er. Opa sagte: «Ich bin über 60, ich habe mein Leben hinter mir. Wenn ich das mache, dann trage ich dafür die Konsequenzen – und du hast vor dem Kerl Ruhe.» Papa brachte ihn nach Hause und sagte: «Du musst nicht alles so ernst nehmen, was du da hörst. Außerdem kann ich solche Konflikte sehr gut allein klären, ohne dass jemand ‹abgeknallt› wird.»

KNIETIEF
IM
HAMBURGER
SUMPF

Hamburg war Ende der siebziger und in den achtziger Jahren vorübergehend zu einer Hochburg des deutschen Fußballs geworden. Kurzzeitig spielten mit dem HSV und dem FC St. Pauli sogar gleich zwei Mannschaften in der Bundesliga, der HSV wurde in dieser Zeit drei Mal Deutscher Meister. Der Hamburger Sportverein ist gesellschaftlich das Maß aller Dinge – für das Establishment, für große bis kleine Bürgerlichkeit, für die einfachen Leute, für das Hamburger Umland. Und für jene, die ein wenig gegen den Strom schwimmen oder ohnehin im Bezirk wohnen, ist der FC St. Pauli der Gegenpol.

Die Szene, in der mein Vater «geschäftlich» verkehrte, mit ihrem großen Hang zu Bürgerlichkeit und zur Hamburger Gesellschaft, unterstützte überwiegend den HSV, der sich damals auf einem Höhenflug befand. Besuche im Volksparkstadion gehörten zum guten Ton. In der Halbzeitpause eines Spiels im Jahr 1978 ging er zu einem der Imbissstände, um sich mit Wurst und Bier zu versorgen.

Imbisse in Fußballstadien hatten damals den Charme von Fahrradunterständen oder Bushaltestellen. Unter einem behelfsmäßigen Dach stand da eine Art Tapeziertisch, gedacht als Verkaufs- und Tresenfläche. Als mein Vater an der Reihe war und «fünf Bier, fünf Thüringer» bestellte, legte ihm der unfreundliche Verkäufer die «Wurstpappen» nebst Wurst auf diesen Tisch, der bereits einem nassen See aus Bier glich, unterbrochen von schmierigen Inseln aus Ketchup und Senf. Darin schwammen oder lagen nun die Pappunterlagen. «Kann ich neue Pappteller und vielleicht Servietten haben?», fragte mein Vater, vermutlich sprühte ihm bereits der Zorn aus den Augen.

«Wie wäre es noch mit ’nem Silbertablett? Das ist hier kein Fünfsternerestaurant», raunzte ihm der Verkäufer entgegen. Mein Vater schüttelte genervt den Kopf, bezahlte, ließ das Bestellte aber liegen und ging. Am Spiel hatte er keine Freude mehr, die zweite Halbzeit geriet zur Nebensache. Und es war typisch für meinen Vater: Andere hätten die Sache für nicht wert befunden, sich darüber zu ärgern. Er wurde so ein Erlebnis einfach nicht mehr los – und dachte darüber nach, wie dem beizukommen sei.

Bei uns daheim angekommen gab es nur ein Thema: Wie konnte man das besser machen? Er witterte wohl auch das große Geschäft. Die Erlaubnis, Imbisse im Volksparkstadion zu betreiben, glich einer Lizenz zum Gelddrucken. Wettbewerb gab es da nicht. Schon wenige Tage später begann er, Kontakte zu knüpfen. So sprach er zum Beispiel mit Willi Harms, dem Inhaber eines Lebensmittelkonzerns, bekannt vor allem für seine Hareico-Würstchen. Er kontaktierte Verantwortliche des HSV, Lokalpolitiker und besuchte Behörden. Es war der Auftakt zu einem jahrelangen Ringen, welches am Ende ein juristisches Nachspiel haben sollte.

1978 bewarb sich mein Vater erstmals beim zuständigen Dezernat im Bezirksamt Altona um eine Konzession für vier Imbissstände im Volksparkstadion. Den Zuschlag bekam aber ein anderer Bewerber. 1980 beabsichtigte das Bezirksamt Altona, das Warenangebot im Volksparkstadion zu erweitern, und mein Vater bemühte sich erneut um eine Konzession. Doch er ging nicht mehr den steinigen, offiziellen Weg. Denn er traute offiziellen Ausschreibungen nicht. Er fühlte sich im «legalen Vergabesystem» fremd und misstraute wohl ganz grundsätzlich Institutionen und Marktmechanismen. Also entschied er sich dafür, eine Abkürzung zu nehmen – mit Schmiergeld, so wie er das aus dem Milieu kannte und beherrschte.

«Ich hatte nur die Chance, diese Konzession zu bekommen, weil mir der damalige Regierungsdirektor signalisierte, dass er daran auch etwas verdienen wollte», erzählte er mir später. Jedenfalls aktivierte er befreundete Seilschaften. NDR-Sportchef Fritz Klein gehörte dazu, der einen Kontakt zu HSV-Manager Günter Netzer herstellte. Netzer wiederum sorgte für einen Kontakt zum Altonaer Regierungsdirektor Bernd Sievert. Zusätzlich machte Klein, der CDU-Mitglied war, meinen Vater auch noch mit dem einflussreichen CDU-Bezirkspolitiker Volker Okun bekannt. Okun war wohl zunächst gegen die Lizenzvergabe.

Sievert, Jahrgang 1928, galt als Schlüsselpersonalie in dem sich nun anbahnenden Vorgang, der aus heutiger Sicht in einer Bananenrepublik zu spielen schien. Seit 1969 arbeitete das CDU-Mitglied Sievert in der Behörde, galt unter Amtsleiter Werner Maschen als «bestgekleideter Mann im Bezirksamt», wie das *Hamburger Abendblatt* damals schrieb – dunkler Nadelstreifenanzug, Seidenkrawatte. «Ich lebe gern und gut», soll er unter Kollegen oft geäußert haben. Mit Frau und Sohn reiste er gern um die Welt, nach Las Vegas oder Haiti zum Beispiel, zu einer Zeit, als Fernreisen noch ein eher seltenes und aufwendiges Vergnügen waren.

Ende 1981 kam es zu einem ersten Treffen meines Vaters mit Sievert, standesgemäß im Hotel «InterContinental», zentral gelegen an der Außenalster, wo sich heute das Hotel «The Fontenay» befindet. Sievert umriss die Ausgangssituation: Auch der Betreiber der bisherigen Imbisse im Stadion hätte sich um die neuen Konzessionen bemüht. Mein Vater empörte sich mit einer drastischen Beschreibung des saumäßigen Services im Stadion, doch Sievert deutete an, dass es bei der Entscheidung zur Vergabe nicht vorrangig um qualitative Standards ginge. Das war eindeutig. Sievert erzählte zudem, er sei auch der Vorsitzende des Arbeitskreises, der sich mit der Modernisierung des Stadions beschäftigt. Was als klare Botschaft zu verstehen war: Ich, Sievert, bin die Schlüsselfigur bei der Konzessionsvergabe. Mit welchen Worten er sein Begehren noch weiter umschrieb, weiß ich nicht, jedenfalls ging mein Vater aus dem Gespräch mit einer Ansage, die natürlich wortwörtlich so nie gefallen ist: Du bekommst die Lizenz – gegen Zahlung einer entsprechenden Summe.

In gewohnter Manier sprach sich mein Vater mit Wilfrid Schulz über das weitere Vorgehen ab – am Telefon. Nicht ahnend, dass sein Telefon mittlerweile auf richterliche Anordnung hin abgehört wurde. Auch dem NDR-Mann Klein soll er mehrfach über den Sachstand der Erteilung der Betriebserlaubnis berichtet haben.

Ein Umschlag voller Geld

Wenige Wochen später, am 21. Januar 1982, trafen sich Sievert und mein Vater im Landhaus Scherrer, einem edlen Restaurant an der Elbchaussee. In Gestalt zweier Polizisten war die Ordnungsmacht inkognito beim Treffen dabei. Mein Vater steckte Sievert einen Briefumschlag zu, Inhalt: 10 000 Mark. «Wenn die Sache geklappt hat, ist die nächste Reise nach Los Angeles frei», soll mein Vater Sievert zugesichert haben, das zumindest gaben die Polizisten zu Protokoll, die wohl am Nebentisch saßen und während des Essens öfter auf die Toilette gingen, um sich dort ungestört Notizen des eben Gehörten zu machen.

Nach dem Essen ging der Regierungsdirektor zu seinem Auto auf den Parkplatz und zählte die Scheine aus dem Kuvert, was von den observierenden Beamten auf Fotos festgehalten wurde. In einem Telefonat nach dem Treffen soll mein Vater dem Sportjournalisten Klein berichtet haben, «dass er an Sievert bereits erhebliche Zahlungen geleistet hat». Auch das war später in einem Polizeiprotokoll nachzulesen.

Wenige Wochen darauf, am 18. März 1982, trafen sich beide noch einmal zu einem gemeinsamen Essen, die-

1 Sommer 1975: der Kleine von Dakota-Uwe, also ich,
mit Polizei-Dreirad auf der Reeperbahn.

2 Set-Foto aus «Zinksärge für die Goldjungen»: Vater spielt eine Unterweltgröße in dem Gangsterfilm unter der Regie von Jürgen Roland von 1973, der in Hamburg gedreht wurde; auf St. Pauli und in Blankenese.

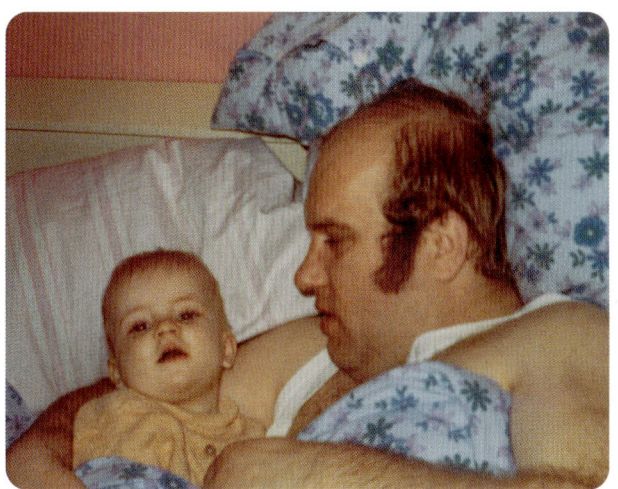

3 Kuscheln in Blankenese: Uwe und Uwe.
Später hieß ich nur noch Charly.

4 Der König von St. Pauli und seine rechte Hand:
Wilfrid Schulz und Dakota-Uwe 1977.

5 Vater und Ringo Klemm im «Chikago».

6 Die Große Freiheit an der Reeperbahn Mitte der 60er Jahre:
So sah das St. Pauli aus, in das meine Mutter und mein Vater zu
dieser Zeit «einwanderten».

7 Gutes Geld und weite Welt: der junge Uwe Carstens
als Seemann in den 60er Jahren.

8 Große Freiheit: vom Milieu der Tabubrecher zur Amüsiermeile.

9 Internationale «Geschäfte» in Sachen Glücksspiel: Dakota-Uwe und Kiez-König Wilfrid Schulz landen auf Ibiza.

10 Machtzentrale des Milieus in den 60ern und 70ern:
der legendäre Kegelclub, 2. von links oben: Dakota-Uwe Carstens.

11 Silvester mit Mr. Joe, dem Ex-Fahrer von Lucky Luciano (Mitte), «Familienfeier» im «Six Pence». Nur für Erwachsene; ich bin nicht dabei.

12 Mein Vater mit «Darius dem Perser»...

13 ... und mit «Ritze»-Wirt Hanne, der auch
für mich besondere Bedeutung erlangte.

14 Stets in Anzug
und Krawatte:
Mafia-Immigrant
Mr. Joe, den ich
«Onkel Joe» nannte.

15 Gut fürs Selbstgefühl
kurz vor meiner Einschulung:
Judo-Übungen im Flur.

16 Foto aus dem Familienalbum, von links: Schauspieler Horst Frank,
mein Vater, eine Freundin meiner Mutter, dann meine Mutter Anni
selbst und Domenica Niehoff, die Vorkämpferin für Prostitution
als legalen Beruf.

17 Set-Besprechung auf der Reeperbahn für eine Folge «Großstadt-revier» mit Jan Fedder (Folge 11, Staffel 11, 1997: «Only You»). Regisseur Jürgen Roland bot seinem Freund Uwe immer mal wieder Rollen in seinen Krimis an.

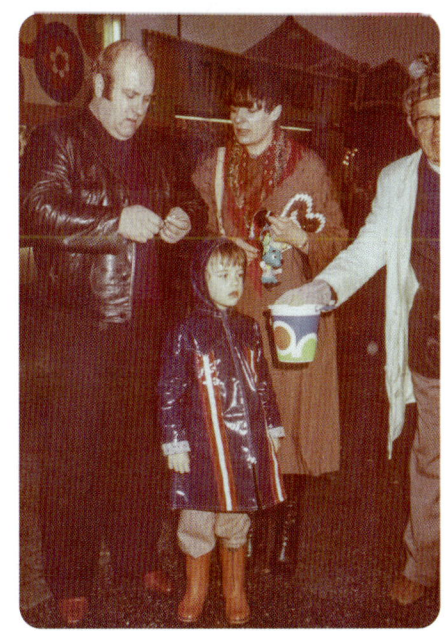

18 Mit Vater Uwe und Mutter Anni auf dem Hamburger Dom und einem Losverkäufer. Wenig später findet im Bierzelt eine denkwürdige «Bud-Spencer-Szene» statt.

19 Nach seinem Ausstieg aus der kriminellen Halbwelt:
zusammen mit Vater in unserer Gaststätte «Lütt Döns».

20 Eine Institution auf dem Kiez: Franz Stenzel, der Barbier von St. Pauli. Er hat vor 45 Jahren den Salon übernommen, in dem schon die Beatles frisiert wurden.

21 Meine Heimat: das «Lütt Döns». Aber ich bin immer
wieder gerne auf St. Pauli, sosehr es sich auch verändert hat.

ses Mal im Restaurant Elbschloss-Brauerei, wieder in der Elbchaussee. Siebert erhielt den nächsten Umschlag, wieder waren darin 10000 DM. Im Gegenzug überzeugte Sievert den Arbeitskreis für die Modernisierung des Volksparkstadions davon, dass es nicht nötig sei, eine Liste mit Bewerbern für die Vergabe der Konzession zu erstellen – man habe mit Herrn Carstens bereits einen geeigneten Kandidaten gefunden. Mein Vater zahlte auch noch ein drittes Mal, weil Sievert plötzlich einfiel, dass es noch einen zweiten Beamten gebe, der mitentscheidet und der umgestimmt werden müsse.

Also traf man sich wieder zum Essen. Danach mussten noch weitere Hürden genommen werden. Mein Vater musste belegen, dass er einer geregelten Arbeit nachging und über die erforderlichen Geldmittel verfügte. Das wurde über einen Freund geregelt, der eine große Firma besaß und rückwirkend einen Arbeitsvertrag mit dem nötigen Salär ausstellte. Am Ende sprach er nochmals mit Willi Harms, dem Inhaber der «Hareico-Wurstfabrik», den er gut kannte. Der streckte wohl etwas Geld vor. Und schließlich stand dem Abschluss des Vertrages nichts mehr im Weg.

Mein Vater feierte am 31. März 1982 bei Wilfrid seinen 39. Geburtstag, als Regierungsdirektor Bernd Sievert erschien, wie immer im edlen Zwirn und bestens gelaunt. Er überreichte, «ausdrücklich als Geburtstagsgeschenk», wie später vor Gericht verlesen wurde, den Lizenz-Vertrag für das Betreiben von Imbissbuden im Volksparkstadion. «Der eine bringt Blumen mit zum Kaffeetrinken, der andere Akten», kommentierte später Gerhard Glage den Vorgang – er war der Vorsitzende Richter im späteren Verfahren, auf das ich noch zu sprechen komme.

Der Vertrag mit der Stadt war vorerst rechtskräftig, und mein Vater hatte endlich die Konzession für seine vier Imbisse im Stadion. Zunächst wurden drei davon aufgebaut – einer in der Westkurve, einer in der Haupttribüne und einer in der Nordtribüne. In jedem Imbiss arbeiteten sechs bis sieben Personen. Viele Freunde der Familie waren dabei, die nur aus Spaß an der Freude halfen. Auch alte Bekannte meines Vaters aus St. Pauli, denen er finanziell unter die Arme greifen wollte, kamen in «Dakotas Imbiss-Imperium» unter. Der Rest der Jobber bestand aus Studenten und Schülern.

Ich hatte in der Westkurve meinen festen Arbeitsplatz mit meinen zwölf Jahren und verkaufte während der Spielsaison sonnabends alle 14 Tage wie der Teufel Würstchen. Irgendwann kannte man die meisten Fans und auch den Hausmeister, der eine Wohnung im Stadion hatte.

Es lag natürlich nicht an unseren Würstchen – aber wer weiß das schon? Jedenfalls war es ein tolles Gefühl, in den Jahren 1982 und 1983, in denen der HSV zwei Mal hintereinander Deutscher Meister wurde, im Volksparkstadion, dem Epizentrum des Erfolgs, dabei zu sein.

Mama und ich empfanden es als eine Art Befreiung. Papa ging endlich Geschäften nach, auf die man stolz sein und mit denen man sich sehen lassen konnte. Ich glaube, wir hatten das gute Gefühl, unsere Familie sei endlich in der legalen Geschäftswelt angekommen. Und wir fühlten uns alle als ein Teil dieses Business. Bei mir in der Westkurve war Fiete der Imbisschef, ein irre witziger Kerl mit richtigem Hamburger Slang. Er war kräftig, etwas dicklich und hatte eine Vokuhila-Frisur – vorn kurz, hinten lang.

Fiete war zu dieser Zeit Bierfahrer bei der Holsten Brauerei und hatte mit seinen Sprüchen auch die beklopptesten Fans im Griff. Als ein paar Anhänger des Tabellenletzten MSV Duisburg im Stadion Würstchen kaufen wollten, fragte Fiete diese: «Was ist der Unterschied zwischen dem MSV und einem ‹ü›? Das ‹ü› hat mehr Punkte.» Oder er brüllte über den Platz: «Wie heißt die kleinste Brauerei Deutschlands? MSV – 11 Flaschen vorm Kasten!»

Der Hamburger Riesenknacker hieß bei Fiete immer Indianerdiddel. Die Stammkunden aus der Westkurve begrüßte Fiete meist mit den Worten «Na, du Himbeertoni?».

Ich kann mich daran erinnern, dass einer der Fußballfans mehrfach Bratwürste aus der Pfanne mit bloßen Händen geklaut hat. Als er erneut versuchte, in die Pfanne mit heißem Öl die Thüringer Bratwürste zu greifen, nahm Fiete seine Hand und drückte sie für ein paar Sekunden in das Fett. Unter lautem Gezeter lief der dann zu den Sanitätern. Zu Beginn der zweiten Halbzeit sahen wir ihn dann mit einer dick bandagierten Hand das Stadion verlassen.

Vor allem in der Nordkurve arbeiteten die Freunde unserer Familie, die meisten taten es als eine Art Wochenendspaß. Vater sagte: «Der Imbiss in der Nordkurve macht immer den wenigsten Umsatz, ist aber dafür der lustigste.» In der Haupttribüne hatte meine Mutter das Sagen, dort jobbte auch Susanne, die Schwester meines Freundes Felix, der gegenüber am Bockhorst wohnte. Dort machte sich Klaus unentbehrlich, der Mann für alles. Er füllte die Bestände auf und sorgte für kleinere Reparaturen. Er versteckte auch immer eine Flasche Rum und versorgte Freunde in der kühleren Jahreszeit mit selbstgemachtem Glühwein. Mein Vater wunderte sich immer, warum Klausi manchmal etwas betrunken wirkte oder eine Fahne hatte.

Wir verkauften Thüringer, Schinkenwurst und Hamburger Riesenknacker, die Preise variierten zwischen 3 und 4 Mark. Ich weiß nicht, ob wir es wirklich besser machten als der Imbissverkäufer, der Papa einst so aufgebracht hatte, aber wir liebten diese Wochenenden im Stadion und gaben uns Mühe, vor allem in den hektischen «Pausenschlachten» möglichst sauber und zivilisiert Würstchen und Getränke wie Fanta zu verkaufen.

Ich lernte dabei nicht nur den Umgang mit Menschen, das Verkaufen – ich lernte vor allem, dass Geld stinkt. Und wie es stank! Nach Frittierfett, nach Wurst und Senf. Pro Stand nahmen wir am Spieltag 5000 bis 6000 DM ein. Das Geld packten wir in eine Tüte und schütteten sie zu Hause auf einem Perserteppich aus. Es stank wie im Abfallcontainer einer Wurstfabrik. Wir zählten durch, packten das Geld in eine Plastiktüte, und Papa brachte es am Montag darauf in die Filiale einer Commerzbank auf der Reeperbahn. Die Angestellten beschwerten sich, dieses stinkende Geld annehmen zu müssen. Dabei waren sie doch vermutlich «schmutziges» Geld gewohnt, nur das unseres sauber verdient war – aber eben roch.

Mit einem weißen Kittel und einem Anstecker «All Areas» durfte ich mich im ganzen Stadion bewegen. Es war das Paradies für einen Schuljungen in meinem Alter. Diese ganze Stadionatmosphäre, die Spieler der besten HSV-Mannschaft, die bis heute existierte – darunter so klangvolle Namen wie Kevin Keegan, Horst Hrubesch, Jimmy Hartwig und Torhüter Rudi Kargus. Ich hatte von allen Autogrammkarten und persönliche Widmungen – und verschenkte sie später, weil ich nie ein wirklicher HSV-Fan geworden bin.

Im Juni 1983 durfte ich nicht mit ins Stadion, als Supertramp, eine der angesagten Live-Bands der frühen 80er Jahre, in der HSV-Arena ein Konzert gaben. Im Vorprogramm spielte Chris de Burgh. Ich hätte alles dafür gegeben, dabei zu sein. Doch mein Vater entschied, ich sei zu jung dafür, das Konzert endete wohl erst spät in der Nacht. Susanne, die Schwester meines Freundes Felix, schwärmte die nächsten Wochen von diesem unvergesslichen Abend, der sich finanziell zudem für uns ziemlich gelohnt haben muss.

Ich hatte eine eigene Methode gefunden, wie ich im Stadion mein Taschengeld aufbessern konnte. Weil die Imbisse auf einem kleinen Fundament aus rechteckigen Steinen standen, welche die Stände aber nur in den Ecken trugen, blieben große Lücken, in welche an den Verkaufstagen stets größere Mengen Wechselgeld kullerten, des Gedränges in den Pausen wegen. Ich baute mir einen «Geldwischer», bestehend aus einem durch eine Stange verlängerten Besen, und kehrte so an jedem Spieltag zwischen 50 und 300 Mark zusammen. Auch dieses Geld stank, aber das war mir egal.

Spieler kamen am Imbiss übrigens nicht vorbei, mit einer Ausnahme: 45 Minuten vor dem Anpfiff erschien oft Horst Hrubesch mit seiner Trainingstasche und bestellte sich zwei Thüringer. Dann ging er in die Kabine, zog sich um, betrat den Rasen und köpfte den HSV zur deutschen Meisterschaft.

Sehnsucht nach Normalität

Der Wunsch, sich eine bürgerliche Existenz aufzubauen und die Halbwelt hinter sich zu lassen – er trieb Wilfrid Schulz und meinen Vater spätestens seit den späten 70er Jahren um. Ich denke, Mama und ich waren für meinen Vater dabei die größte Motivation. Zu viel war passiert: Bedrohungen, die versuchte Entführung, das gefährliche Leben auf dem Kiez, unser ständiges Leben in Blankenese als diese Familie mit den Geheimnissen, für die sinnbildlich die abgesägte Schrotflinte unter dem Bett stand. Er mochte uns dies alles nicht länger zumuten.

Doch da gab es noch mehr: Die Verhältnisse auf St. Pauli begannen, ein Stück weit außer Kontrolle zu geraten – nach den Jahren «relativer Ordnung» und Übersichtlichkeit, die nicht zuletzt der ordnenden Hand von Wilfrid Schulz geschuldet waren. Es setzte eine Verrohung ein, getrieben durch den Preisverfall harter Drogen wie Kokain, die Deutschland in den späten 70er, frühen 80er Jahren überschwemmten. «So ist das Ganze aus den Fugen geraten», sagt Rüdiger Bagger heute, damals Staatsanwalt in Hamburg.

St. Paulis Unterwelt verdiente am Drogengeschäft kräftig mit – viele der Zuhälter wurden selbst abhängig. Hinzu kam Anfang der 80er Jahre eine neue, unbekannte Krankheit, die das Sex-Geschäft lähmte und die Geschäfte damit erheblich störte – Aids.

Junge, skrupellose Aufsteiger machten sich im Sex-Business breit. Das von Wilfrid durchgesetzte «Gentlemen's Agreement», das zum Beispiel ein Schusswaffenverbot auf dem Kiez beinhaltete und für eine Art eigener Gerichtsbarkeit sorgte, war außer Kraft gesetzt.

Ende 1981 wurde der Zuhälter und Dealer Fritz Schroer, wegen seiner schmalen Augen in Zuhälterkreisen «Chinesen-Fritz» genannt, in der Kultkneipe «Ritze» auf dem Barhocker sitzend erschossen. Eine beispiellose Mordserie begann, der im Verlauf der nächsten Monate und Jahre Dutzende Zuhälter zum Opfer fielen. Neue, von skrupellosen Jung-Luden dominierte Banden drängten auf den Kiez. Die «Nutella-Bande» um die aufstrebenden Jung-Luden Klaus Barkowsky («Schöner Klaus»), Peter Töpfer und Thomas Born («Karate Thommy») lieferte sich einen regelrechten Krieg mit den Platzhirschen der «GMBH», benannt nach den Anfangsbuchstaben ihrer Mitglieder Gerd Glissmann, Michael Luchting, Walter «Beatle» Vogeler und Harry Voerthmann. Als dritte «Kriegspartei» mischten ein paar Luden mit, die in Ringo Klemms «Chikago» verkehrten. Die Generation um

Wilfrid Schulz und meinen Vater fühlte sich in ihrem Bestreben, ihren Besitz in eine Form von Bürgerlichkeit hinüberzuretten und sich aus den illegalen Machenschaften zu verabschieden, bestätigt.

Das, was sich da auf dem Kiez austobte, war nicht mehr ihre Welt. Vor allem ahnten sie, dass es nur eine Frage der Zeit werden würde, bis sich die Staatsmacht genötigt sah, hier härter durchzugreifen. Mit der Konsequenz, dass es mit St. Paulis «goldener Zeit» vorbei sein würde.

Noch im Jahr 1981, nach den tödlichen Schüssen auf Schroer, kam es zu weiteren Todesfällen auf St. Pauli, wobei es sich bei zwei V-Männern vermutlich um Mord handelte. 1982 war dann das bis dato blutigste Jahr in der Geschichte des Sperrbezirks. Mindestens neun Menschen mit Milieu-Nähe starben, bekanntestes Opfer war Michael Luchting, das «M» der GMBH. In jenem Oktober kam es auch zu einem regelrechten Gefecht zwischen den verfeindeten Luden von Nutella-Bande und GMBH, ausufernder Drogenkonsum und schlechter laufende Geschäfte ließen die Akteure äußerst gereizt agieren. Das alles lief auf eine Katastrophe zu, die dann im Juli 1986 mit dem Amoklauf des inhaftierten Auftragskillers Werner «Mucki» Pinzner im Polizeipräsidium am Berliner Tor mündete – ein Gewaltakt, der drei Menschenleben forderte, der Hamburg, aber vor allem St. Pauli verändern sollte.

Wilfrid Schulz hatte sich da längst aus dem Kiez nach St. Georg zurückgezogen. «Wie ich es meinem Vater versprochen habe», wie er betonte. Er betrieb dort das Tanzlokal «Café Chérie» (Motto: «Sie kommen als Fremder und gehen als Freund»), das auch nur ein getarntes Bordell war, jedoch außerhalb des Sperrbezirks. Vor allem aber war er früh bestrebt, ins Box-Geschäft einzusteigen. Höhepunkt dieser Bestrebung war die «Box-Gala '77» im Congress Centrum der Hansestadt. Als Gäste präsentierte er Freunde wie Horst Frank, die Schlagersängerin Katja Epstein und Roberto Blanco. Tatsächlich schaffte er es, dass das Fernsehen die Gala übertrug – das dritte Fernsehprogramm und die ARD. Er wollte nach der Furore, für die der Schwergewichtsboxkampf «Rumble in the Jungle» in Kinshasa zwischen Muhammad Ali und George Foreman 1974 weltweit gesorgt hatte, das Boxen auch in Deutschland «wieder gesellschaftsfähig machen», wie er es ankündigte. Doch das Ansinnen misslang. Durch die überregionale TV-Präsenz wurde Wilfrid Schulz zwar bekannt, aber in einer Art und Weise, die er so nicht geplant hatte.

Der *Spiegel* spottete damals: «Schulz bezog eine Villa im noblen Blankenese und bemühte sich, einen neuen Stil zu pflegen. Gelegentlich jedoch rutschte er beim Versuch, der erstrebten Reputation gerecht zu werden, noch aus: Seine breitgestreiften Sakkos wurden belächelt, und auch eine Box-‹Gala› im Congress Centrum der Hansestadt brachte keine Aufwertung. Hamburger Ermittler notierten: ‹Was sich wieder einmal wie ein Versuch anließ, endlich Zugang in die zurückhaltenden Hamburger Gesellschaftskreise zu erlangen, erwies sich dann schnell als Treffen der Halbwelt, die dem Veranstalter die Reverenz erwies. In abenteuerlicher Aufmachung feierten die

‹Herren› und ‹Damen› einen der größten Ganovenbälle, der wohl jemals in Deutschland stattgefunden hat.»

Hamburgs Halbwelt hatte nicht den Schritt in die feine hanseatische Gesellschaft vollzogen, umgekehrt hatten Box-Großveranstaltungen fortan den Ruf, zu einem Schaulaufen der Halbwelt-Prominenz zu verkommen.

Für Wilfrid und meinen Vater waren das entmutigende Erfahrungen, die ihrem Bestreben, sich bürgerliche Existenzen aufzubauen, aber keinen Riegel vorschoben. Sie wussten, dass es im Milieu nicht weiterging und dass sie versuchen mussten, auszusteigen – natürlich ohne sich für frühere Dinge zu verantworten.

Susanne Franke, eine ehemalige Prostituierte, sagte in der *Spiegel* TV-Reportage (über Stefan Hentschel, Titel: «Ich bin ein göttlicher Zuhälter») über die Szene: «Schmutziges Geld war nur die Hälfte wert», und man gab es mit vollen Händen aus. Ich glaube, meinem Vater ging es ähnlich. Geld, welches auf illegalem Weg erworben wurde, hatte im Leben nicht den gleichen Stellenwert wie «legales Geld». Vor allem erwies es sich als fast unmöglich, in der Halbwelt erworbenes Geld in ein legales, redlich erworbenes Vermögen umzuwandeln.

Mein Vater setzte alles auf die Karte Fußball. Inzwischen hatte er sich von allen Beteiligungen an Casinos, Bordellen und Bars getrennt. Unser Wohnhaus Am Bockhorst in Blankenese wollte er kaufen, trat dazu auch in Verhandlungen mit dem Eigentümer – das Paar lebte in Spanien und besaß eine Orangenplantage. Leider sprangen die Besitzer kurz vor Abschluss des Verkaufs wieder ab. Er verhandelte auch über den Kauf mehrerer Spielhallen in Wedel und Othmarschen, ebenfalls vergeblich.

Der Weg raus aus der Schattenwirtschaft und rein in ein legales Gewerbe erwies sich für meinen Vater als steinig. Was auch daran lag, dass Menschen wie er die «Spielregeln» der Legalität nie gelernt hatten. Dass es plötzlich gilt, Gesetze, Ausschreibungen, Vorschriften zu beachten und Steuern zu bezahlen. Und dass es in der legalen Wirtschaft eines viel größeren Aufwands und viel größerer Mühen bedarf, um am Ende viel kleinere Gewinne einzufahren.

Rüdiger Bagger, der ehemalige Oberstaatsanwalt der Hansestadt, sagte mir: «Dakota-Uwe war der einzige mir bekannte Fall einer Halbweltgröße, die es hier im Kiez-Umfeld ernsthaft und mit allen Mitteln versucht hat, sich eine bürgerliche Existenz aufzubauen. Schade nur, dass er auch das mit illegalen Mitteln versucht hat.» Der heute pensionierte Beamte glaubt, dass das größte Manko der ehemaligen Rotlichtgrößen ihr gestörtes Verhältnis zur Arbeit und zum Geldverdienen war. «Selbst wenn sie als Geschäftsführer eines Restaurants oder Pächter einer Tankstelle arbeiten, heißt das ja erst mal, dass sie hart arbeiten müssen und auch nach Feierabend ihre Verantwortung für das Geschäft nicht endet. Wenn sie aber als junger Mensch auf dem Kiez im Monat zig Tausende Mark verdient haben und ihre tägliche Beschäftigung darin bestand, sich im Fitnessstudio oder auf der Sonnenbank herumzutreiben oder im Auto zu posen, dann verlernt man es, für ein übliches Gehalt zu arbeiten.»

Auch wenn er keiner dieser Poser-Luden war, auf meinen Vater traf das zu. Am Ende sollte auch er an diesen Hürden eines legalen Geschäftsalltags scheitern.

AUFFALLEND UNAUFFÄLLIGE NACHBARN

Das Reich meines Vaters war Hamburgs Halbwelt – mein Reich war damals, Anfang der 80er Jahre, unser Garten, der sich gut 80 Meter weit hinter dem Haus erstreckte. Irgendwann gerieten beide in Verbindung.

Das kleine Gartenhäuschen, das mein Opa gebaut hatte, als ich ungefähr vier oder fünf Jahre alt war, litt allmählich unter dem Zahn der Zeit. Auch wenn mein Opa Tischler war, was dazu geführt hatte, dass dieses Haus Herbst- und Winterstürme überstand, war das Gartenhäuschen mit den Jahren baufällig geworden. Und es war zu klein für mich, besser gesagt, ich war zu groß geworden. Zumal ich der Anführer einer Bande war, wie man damals noch zu einer Gang sagte. Eine Bande mit vier Jungen aus der Nachbarschaft, Torben, Felix, Alexander und Roger, die mit einer rivalisierenden Bande ein paar Straßen weiter die ein oder andere harmlose Keilerei austrug.

Wir brauchten also dringend ein neues Hauptquartier! Mein Vater beauftragte eine Firma damit, ein neues Gartenhäuschen zu errichten – mit Satteldach, Schiebefenstern und einer Einstiegsluke mit richtigem Schloss. Man konnte in dem Haus sogar übernachten. Doch weil das eben nicht genug war und es uns in geschützte Höhen zog, bauten wir uns noch ein Baumhaus. Und zwar beinahe im Niemandsland zu unserem Nachbargrundstück, das allerdings nur durch eine Hecke von unserem Garten getrennt war.

Dieses Baumhaus war fortan unser Treffpunkt. Von hier aus regierten wir unser Territorium!

Ein Tisch und Kinderstühle bildeten die Inneneinrichtung. Zu unseren konspirativen Treffen brachte meine Mutter eine Thermoskanne Pfefferminztee vorbei. Pfefferminztee war damals das Getränk unserer Wahl, der Zaubertrank, der uns Bärenkräfte verlieh, als hätte ihn der Druide Miraculix gebraut. Den hinteren Teil des Gartens bildete mein «Wald» mit den vier oder fünf kleinen Nadelbäumen. Hier, im «Wald», bauten wir weitere Hütten. Oder wir gruben Tunnel, weil Tunnel nun mal eine Herausforderung für eine Bande darstellten.

Doch dann bekamen wir es auf einmal mit einer anderen Macht zu tun. Denn plötzlich zogen im Sommer 1981 diese neuen Untermieter in den Anbau unserer Nachbarin ein.

Eines Tages saßen sie im Garten und tranken Kaffee. Drei bis vier junge Männer, was in einer bürgerlichen Wohngegend, in der überwiegend Paare oder Familien leben, allein schon einer kleinen Sensation gleichkam. Sie saßen einfach da und tranken Kaffee, ich konnte sie von meiner Veranda aus sehen. Hatten anscheinend nichts Besseres zu tun, obwohl es Vormittag war.

Sie sahen nicht aus wie Neureiche, waren weder irgendwie extravagant gekleidet, noch trugen sie andere

Statussymbole zur Schau. Junkies, Aussteiger, Musiker schienen es aber auch nicht zu sein, dazu sahen sie zu normal aus. Einer hatte einen Oberlippenbart, ein anderer hatte trotz seiner offensichtlich jungen Jahre schon ziemlich lichte Stellen auf dem Kopf. Alle hatten nackenlange Haare.

Mich interessierten diese Männer brennend, schließlich war sonst in der Gegend nicht viel los. Vom Baumhaus aus konnten meine Freunde und ich den Anbau und die Fläche davor bestens überblicken. Abends sahen wir ihnen mal zu, wie einer Gitarre spielte, dazu wurde gegrillt, eine Frau war auch dabei.

Was wir da sahen, wirkte jedoch bald langweilig. Die Typen unternahmen nämlich weitgehend – nichts! Nicht einmal ein paar hübsche Freundinnen brachten sie mit, dabei hätte ich mich sehr über ein paar krachende Gartenpartys gefreut. Wir unternahmen erste Klingelstreiche oder warfen ein paar Wasserbomben über den Zaun, lautes Schimpfen war die Antwort darauf. Und kamen wir einmal dem Anbau oder Grundstück zu nahe, wurde uns unmissverständlich und ziemlich rüde entgegengebrüllt: «Verpisst euch! Macht, dass ihr wegkommt, sonst gibt es Stress!»

Mein zunächst brennendes Interesse an den neuen Nachbarn kühlte sich erheblich ab.

Ein gutes Vierteljahr verging, inzwischen war es Herbst, da saß ich mit Torben, Felix von gegenüber, Alexander und Roger wieder mal im Baumhaus. Es war bereits dunkel, also hatten wir ein paar Kerzen angezündet; wir hatten sogar einen kleinen Kamin, in dem ein Feuer

brannte. Da hörten wir unterhalb des Baumhauses ein
Rascheln, dann ein Knacken – da war doch jemand? Wir
vermuteten einen Späher der konkurrierenden Bande
aus der Nachbarstraße, die waren zwar einige Jahre älter, hatten aber nicht so ein edles Hauptquartier wie wir.
Wir redeten uns in einen wahren Gruselrausch. Killer,
Kidnapper, Agenten, alles konnte da draußen unterwegs
sein und demnächst in unsere kleine Festung eindringen.
Was also tun? «Wir verteidigen uns», entschied ich. Und
hatte bereits einen fetten Holzklotz in der Hand, den wir
eigentlich als Brennholz für den Kamin gedacht hatten.

Ich öffnete kurz die Einstiegsluke, ließ die Bombe
fallen, Luke wieder zu – und unten schrie jemand laut:
«Scheiße!» Dann war nur noch ein lautes Stöhnen zu ver-
nehmen. Wir hatten ihn erwischt, doch es klang irgendwie anders als erwartet, kläglich und mitleiderregend.
Wir blickten entgeistert Richtung Erdboden und sahen
dort einen der neuen Nachbarn, der eine Hand an den
Kopf presste: Offensichtlich war ihm der Holzkanten voll
auf die Stirn geknallt, eine fette Beule entstellte seinen
Kopf.

«Kommt sofort runter, aber dalli», brüllte er zornig.
«Was macht ihr da eigentlich?» Ich erklärte, dass das
mein Baumhaus sei und dass wir es uns mit Kerzen-
schein etwas gemütlich gemacht hätten. Offensichtlich
hatte er befürchtet, unser Tun hätte den Baum in Brand
gesetzt, jedenfalls wollte er nur schauen, was los war –
und da hätten wir ihn um ein Haar erschlagen.

«Es tut mir leid, das wollten wir nicht», entschuldigte
ich mich. Ich befürchtete, dass das jetzt in einem offenen

Nachbarschaftskrieg münden würde. Dass unser Verhältnis zu diesen Männern wohl irreparabel zerrüttet war. Schon nach drei Monaten! «Na ja, immerhin habe ich ihn nicht erschlagen», beruhigte ich mich, so eine Beule ist ja in der Regel nach ein paar Tagen wieder weg. Ich nahm mir aber vor, zukünftig etwas zurückhaltender zu sein.

Und dann gab es über die Gräben und Grundstücksgrenze hinweg bei einem zufälligen Aufeinandertreffen Wochen später so etwas wie einen ersten Brückenschlag. «Du bist also der Nachbarsjunge, hä?», fragte einer der Männer, ich schätzte ihn auf Ende 20. Er hatte einen brünetten Seitenscheitel, einen Oberlippenbart und trug so eine braune Kunstlederjacke. «Die anderen Jungen, das sind die Bandenmitglieder? Ihr habt doch eine Bande, oder?» Ich bejahte etwas kleinlaut. «Und was machen Sie so?», fragte ich zurück. «Was sind Sie von Beruf?» – «Wir sind Studenten», kam zurück. «Wir teilen uns den Anbau und leben als WG hier zusammen.»

Ich vergaß zu fragen, was sie studierten. Aber häufig kam Besuch vorbei. Fast immer waren es Männer, das fiel mir auf, selten Frauen. War das eine schwule Community?

Die Spitzel werden bespitzelt

Meine Neugierde wuchs wieder. Um sie zu befriedigen, riskierte ich mehr. Über das Dach des Pferdestalls stieg ich eines Tages auf das Dach des Anbaus und lugte durch eine Lichtöffnung in der Decke in den Hauptraum. Da gab es lediglich ein Sofa, dazu ein paar Stühle und einen kleinen Tisch. Überall standen Kaffeebecher herum, ich sah einen Aschenbecher voller Kippen. Kein Bild an der Wand, kein Schreibtisch, keine Regale, keine Bücher.

Was waren das für komische Studenten, die nichts lasen, die nichts schrieben? Vermutlich waren es angehende Techniker oder Maschinenbauer, sagte ich mir. Doch es wurde noch seltsamer. Denn kurze Zeit später fielen mir im Astwerk der hohen Bäume, die zwischen unserem und dem Nachbarhaus standen, seltsame Drähte und Kabel auf. Die fallenden Blätter hatten sie freigelegt.

Ich holte meinen Vater. Der stand im Garten und schüttelte den Kopf: «Sind das neuartige Blitzableiter?», murmelte er. Wir konnten uns beide keinen Reim darauf machen. Und trotz meiner elf Jahre war mir klar, dass das mit dem Blitzableiter Quatsch war, die Gebäude in der Nähe waren ja viel höher.

Offensichtlich war ihnen aufgefallen, dass ich oft in ihre Richtung schaute und um den Garten schlich. Sodass mich eines Tages, inzwischen wohnten sie bereits ein Jahr dort, einer der Männer ansprach. «Komm doch mal rein bei uns, brauchst gar nicht immer so durch die Hecke zu luschern», sagte er. Es war der, der im Herbst des Vorjahres den Holzklotz auf den Kopf bekommen hatte. «Magste 'ne Limo?», fragte er.

Schon saß ich am Tisch im Garten, konnte durch die offen stehende Tür sogar bis in die Küche schauen, wo ich lauter technische Apparate erspähte. Lampen blinkten, in einem Regal standen mehrere Tonbandgeräte mit Magnetspulen, die sich drehten, was ein untrügliches Zeichen dafür war, dass sie gerade liefen. Ich fragte denn auch umgehend: «Was sind das denn für Geräte da in der Küche?» Was wiederum einen der Studenten ein wenig aus der Fassung brachte. «Ach das, ja, das ist eine professionelle Musikanlage, wir haben hier eine Art Tonstudio. Wir machen Musik und nehmen Bänder auf, die wir dann an Plattenfirmen schicken. Vielleicht hast du ja das Glück, die Bee Gees von morgen kennenzulernen», sagte er. Und wechselte sofort das Thema: «Magst du die Bee Gees, oder auf was für Musik stehst du so?»

«Sugarhill Gang», sagte ich, «und Kurtis Blow.» Ich rappte ein paar Zeilen aus «Tough»: «Strong, like a magnum force. Rough, like a new divorce ...» Doch die Typen lächelten nur etwas hilflos, und ich merkte, dass sie mit Hip-Hop, Rap sagte man damals noch nicht, wenig anfangen konnten. «Bee Gees», sagte ich still vor mich hin und schüttelte unmerklich den Kopf. Zumindest hatten sie es geschafft, dass wir nicht weiter über fehlende Kücheneinrichtungen und seltsame Tonstudios sprachen.

Ich konnte mir einfach keinen Reim auf die Sache machen, doch ich berichtete meinem Vater Tage später eher beiläufig von meinen Beobachtungen. «In der Küche gab es keinen Herd und keine Spülmaschine, dafür aber einen Schrank mit lauter Tonbandgeräten. Und überall blinkten Lämpchen, es sah aus wie auf der Kommandobrücke von Raumschiff Orion ...»

Ich war gar nicht so recht bei der Sache, doch Papa

war plötzlich hellhörig geworden und bohrte nach. «Was hatten die in der Küche? Gleich mehrere Tonbandgeräte? Is ja 'n Ding!», hörte ich ihn sagen. «Und um ehrlich zu sein, die sehen weder wie Musiker aus noch wie Studenten. Ich glaube, ich schau mir das mal selbst an.»

Den direkten Weg wollte er aber nicht nehmen. Jetzt war es an mir, ihm zu helfen, da unbemerkt einzudringen. «Über das Garagendach der Nachbarin, Frau Schmidt, kann man zwei kleine Fenster erreichen, die in den Mauervorsprung an der Garagenrückseite am Anbau eingelassen sind. Dahin kommt man mit etwas Klettern ganz leicht», sagte ich.

«Hast du vermutlich schon oft gemacht», sagte er und grinste.

An einem der folgenden Abende hangelten wir uns tatsächlich auf das Garagendach und schlichen uns an den Anbau. «Passt auf euch auf, Männer», hatte Mama uns noch mit auf den Weg gegeben. Die Fenster waren nicht viel größer als Schießscharten, sie waren zudem schmutzig, Laub lag davor, man sah nur schemenhaft, was dahinter sein mochte. Vorsichtig wischte Papa den Dreck von der Scheibe und konnte, wenn auch verschwommen, das Innere des Raums mit der Technik erspähen. Ich war zu klein, um ins Fenster schauen zu können, aber ich hatte das ja alles bereits gesehen. Papa machte große Augen. «Ahaaa, soso», brabbelte er vor sich hin. Dann hatte er genug gesehen, und wir zogen wieder ab.

«Soso, mein lieber Charly», sagte er, als wir wieder zu Hause waren, «deine Freunde sind also Musiker. Und Tontechniker ...», fühlte er mir auf den Zahn. «Glaubst du das wirklich?» Ich ahnte, dass das nicht sein konnte, und zuckte mit den Schultern. Papa würde mir ohnehin gleich seine Meinung mitteilen, die er die ganze Zeit deutlich spürbar mit sich herumtrug.

«Nö, mein Junge, das sind keine Musiker, das sind Polizisten. Die haben kein Tonstudio, die hören uns ab. Die haben unsere Telefone angezapft und schneiden alles mit!», platzte es aus ihm heraus. «Und sie geben sich nicht mal Mühe, das irgendwie geheim zu halten», sagte er weiter. «So auffällig unauffällige Schnüffler habe ich ja noch nie erlebt ...»

Wenig später sollten wir es bestätigt bekommen: Es waren Mitglieder einer erst kurz zuvor bundesweit gegründeten Sonderkommission gegen das organisierte Verbrechen, die gegen Wilfrid Schulz, meinen Vater und andere Größen aus dem kriminellen Milieu ermittelten. Über ein Jahr lang hatten sie im Nachbargarten gehockt und uns observiert. Ich wunderte mich im Nachhinein, wie wenig vorsichtig diese «Agenten», besser Zivilpolizisten, gearbeitet haben, wie wenig Mühe sie sich mit ihrer Tarnung gegeben hatten. Ein Bekannter meines Vaters hatte ja schon vor Wochen in unserer Wohnung Wanzen entdeckt. «Da hat sich jemand reingehängt», hatte der Mann von der Post gesagt – und unsere Telefonleitung gemeint. Auch hatte sich mein Vater über ein auffälliges Knacken gewundert, dass immer dann einsetzte, wenn ein Telefongespräch begann. Und weil er ahnte, belauscht zu werden, hatte er schon seit geraumer Zeit wichtige Telefonate stets von der Telefonzelle ein paar Straßen weiter geführt.

«Die sind hinter mir her», sagte mein Vater. «Macht euch darauf gefasst, dass es demnächst großen Ärger geben kann, vor allem für mich.» Er sprach jetzt erstmals auch vor mir Klartext. Diese ganze bürgerliche Fassade, die legalen Geschäfte mit den Würstchenbuden im HSV-Stadion, alles zählte nicht mehr. Die Staatsgewalt saß ihm im Nacken, und es war nur eine Frage der Zeit, wann die Bombe platzen würde. Obwohl ich erst 11 war und von juristischen Dingen keine Ahnung hatte, kam mir damals nie der Gedanke, er könnte unschuldig sein und diese Verfolgungsorgie könnte ins Leere laufen. Wir alle gingen davon aus, dass er wohl in den Bau wandern würde, sobald die Staatsgewalt entschieden hatte, zuzuschnappen.

Seit dem Vorfall mit dem Beinahe-Kidnapping auf dem Weg von der Schule nach Hause hatte ich mir angewöhnt, Dinge zu beobachten, die von der Normalität abwichen. Dazu gehörte auch die Entdeckung, dass wir observiert wurden. Und damit meine ich nicht nur diese vier jungen Männer aus dem Nachbarhaus. Meine Mutter und ich hatten oft das Gefühl, von Zivilfahndern verfolgt zu werden. Selbst auf dem Weg in die Schule konnte ich sehen, wie Menschen auffallend lange denselben Weg nahmen wie ich.

Besonders deutlich war es im Einkaufszentrum in Osdorf, Elbeeinkaufszentrum genannt, das heute viel größer ist als damals. Einmal war ich mit meiner Mutter dort essen, da fragte uns die Bedienung: «Sagen Sie mal, Frau Carstens, kann es sein, dass Sie ...»

«Ja, wir werden observiert», fiel meine Mutter der Service-Angestellten ins Wort. Ich hob meine Tasse mit der heißen Schokolade hoch und prostete dem Mann und der Frau ein paar Tische weiter freundlich zu.

ENDE
EINER KIEZ-
KARRIERE

D er 2. November 1982 war ein für die Jahreszeit re-
lativ warmer, sogar sonnenbeschienener Tag. Ich
besuchte seit dem Spätsommer die sechste Klasse in
einer anderen Einrichtung mit einer Beobachtungsstufe
für weiterführende Schulen. Die etwa dreieinhalb Kilometer Schulweg legte ich mit dem Bus zurück. Als ich
am frühen Nachmittag auf dem Weg nach Hause war
und zusammen mit Alexander, einem Jungen aus der
Nachbarschaft, in meine Straße einbog, nahmen wir einen unheimlichen Auftrieb wahr: Polizei, Blaulicht, Ab-
sperrbänder, Schaulustige. Ich dachte zunächst, hier wird
wohl ein Film gedreht – «Großstadtrevier» oder eine
«Tatort»-Folge oder so etwas. Da standen im großen Um-
kreis Polizeifahrzeuge, alle hatten die Warnleuchten an.

Doch schnell wurde uns klar, dass da kein Film gedreht wurde, hier war wirklich etwas passiert. Vielleicht
ein Verkehrsunfall, war mein nächster Gedanke. Aber
man sah auch keine beschädigten Fahrzeuge, keinen
Krankenwagen. Alles wirkte sehr geordnet, zudem liefen
da zu viele Polizisten in Zivil herum, man erkannte sie an
ihrem autoritären Gebaren inmitten der Uniformierten.

Je weiter wir liefen, desto beunruhigender war das Gefühl, das in mir aufstieg. Wenn hier etwas passierte, war die Wahrscheinlichkeit groß, dass es uns betraf – denn das war nicht die Gegend, in der sich Familiendramen abspielten. Und dann schoss mir DIE Frage durch den Kopf: Haben sie ihn abgeholt? Was, wenn es zu einer Schießerei gekommen ist? Ist es jetzt vorbei mit unserem Familienfrieden?

Ich war ziemlich aufgewühlt und gab mir große Mühe, dies vor meinem Freund Alexander zu verbergen. Aber es war kaum zu übersehen, dass diese ganzen Aktivitäten sich einem Epizentrum gleich um das Haus Nummer 50 herum konzentrierten – und da wohnten ja wir. Zivile Beamte schleppten geschäftig Dinge heraus. Vor und hinter dem Haus sowie am Hauseingang sicherten Polizisten mit Sturmhauben den Einsatz ab, schwer bewaffnet und martialisch auftretend. Es war eine Szene, wie ich sie sonst nur aus Filmen kannte.

Alexander und ich sahen uns an. Ich hatte das dringende Gefühl, etwas Erklärendes sagen zu müssen, seine hilflosen Blicke flehten geradezu darum. «Die haben bei uns eingebrochen», fiel mir spontan ein, und ich war ob dieser Variante sehr erleichtert. Ich schaute Alexander an, der schien das zunächst zu schlucken. Nach einer Weile fragte er: «Und warum haben die einen Hund dabei?» «Na ist doch wohl klar», sagte ich, «der muss doch die Spur aufnehmen.»

Ich war froh, dass das alles irgendwie zusammenpasste. Auch Alexander schien mit der Legende zufrieden und trabte nach Hause, um seinen Eltern zu berichten, dass bei Charly eingebrochen worden sei. Was hätte ich darum gegeben, wenn man uns wirklich nur ausgeraubt hätte. Ich ahnte aber, dass hier eine ganz andere, eine große Sache im Gange war. Etwas, das geeignet schien, mein bisheriges Leben zu schreddern.

Ich ging die Einfahrt hinauf, unser Haus lag ja auf diesem kleinen «Feldherrenhügel», vorbei an all den Polizisten. Keiner nahm zunächst Notiz von mir, bis sich mir ein Polizist in den Weg stellte, der gerade aus der Wohnung im Souterrain kam, in der Otto wohnte, unser Baumhaus-Konstrukteur. Der Beamte hatte eine Waffe in der Hand, fragte mich scharf: «Wer bist du denn?» Eingeschüchtert antwortete ich: «Uwe Carstens, ich wohne hier ...» Schon kam mir meine völlig aufgelöste Mutter entgegen, sie sah verweint aus, drückte mich und sagte: «Geh bitte ganz schnell rüber zu den Müllers, hörst du? Warte dort auf mich. Ich hol dich dann ab, wenn das alles vorbei ist.»

Auf die Idee, zu fragen was eigentlich los war, kam ich in diesem Moment nicht. Ich ahnte es ja ohnehin: Sie kamen wegen Papa!

Und so lief ich quer über die Straße zu den Müllers, den Eltern meines Freundes Felix. Wie auch Alexander gehörte Felix zu unserer Bande. Vom Fenster der Müllers aus konnte ich beobachten, wie das gesamte Haus, einschließlich der Wohnungen unserer Nachbarn, komplett auf links gedreht wurde. Dann sah ich Papa, meinen Bud Spencer, wie er abtransportiert wurde. Er war ganz ruhig. Warum wehrt er sich nicht?, dachte ich noch, warum lässt er nicht die Fäuste fliegen? Er stieg zusammen mit zwei Männern in ein Zivilfahrzeug, einen Mercedes. Okay, jetzt ist es also passiert, dachte ich.

Die Müllers wurden während der kommenden Wochen und Monate für mich zu einer Art Ersatzfamilie. Sie sprachen mit mir zwar nicht über Papas Inhaftierung, aber sie kümmerten sich liebevoll um mich. Monate später sollten sie mich sogar noch mit in den Urlaub nehmen – nach Italien. Es wurde Nachmittag, es wurde Abend, ehe mich meine Mutter abholte. Unsere Wohnung sah aus wie nach einem Meteoriteneinschlag. Sie hatten sogar in der Küche die Inhalte sämtlicher Gewürzbehälter, zudem Zucker-, Salz- und Mehlpäckchen auf den Boden gekippt. Damals ergab das für mich keinen Sinn, rückblickend würde ich sagen, sie hatten nach Drogen gesucht.

In der Wohnung war kein Möbelstück auf seinem angestammten Platz geblieben. Sofas und Sessel waren umgekippt, die Bezüge mit Messern aufgeschlitzt worden. Die Perserteppiche lagen aufgerollt in einer Ecke, das plüschige, orientalische Ambiente hatte sich in eine unwirtliche Trümmerlandschaft verwandelt.

Der Anblick stimmte mich traurig. Sinnbildlich lag hier meine intakte, sorgenfreie, wohlbehütete Kindheit in Scherben. Und natürlich sah ich uns damals als ein Opfer staatlicher Willkür. Keine Verfehlung meines Vaters konnte so schlimm sein, diese brachiale Gewalt gegen uns zu rechtfertigen – so dachte ich damals. Und so dachte wohl auch meine Mutter. Dass unser Glück, unser Wohlstand seit Jahrzehnten auf illegalen Einkünften basierte, kam mir als Kind nicht in den Sinn. Ich hatte nur dieses Gefühl, Opfer eines gigantischen Unrechts zu sein.

Die mitleidsvollen Blicke der Menschen in meiner Umgebung bestärkten mich darin. Wie in Trance begannen meine Mutter und ich aufzuräumen, zumindest die gröbsten Schäden zu beseitigen. Wir weinten in regelmäßigen Abständen. Und dann stürmte ich, es war bereits dunkel, aus dem Zimmer, schnappte mir meine Jacke und wollte ohne Worte aus dem Haus rennen. «Wo willst du denn um Himmels willen hin? Es ist Nacht», rief meine Mutter, die sich mir in den Weg stellte und mich umklammerte. «Ich geh jetzt zur Polizeiwache und sag denen, dass sie meinen Papa wiederbringen sollen», schrie ich. Ich war aufgewühlt und in diesem Moment wild entschlossen. In mir pochte nur der Gedanke: Ich muss etwas tun! Das ist alles ein riesiges Missverständnis.

Es hätte sicher eine komische Szene abgegeben, wenn da ein Elfjähriger auf der nächsten Polizeiwache in Osdorf aufgetaucht wäre und die Freilassung seines Vaters verlangt hätte, der obendrein längst im Untersuchungsgefängnis in Hamburg Mitte einsaß. Mama beruhigte mich. «Er ist bald wieder da. Er hat ja nichts Schlimmes gemacht», sagte sie. Ich gab nach. Dieses Gefühl einer bodenlosen Ungerechtigkeit, die sich in Wut auf diese Polizisten verwandelte – ich empfand es nur so richtig an diesem Abend. Im Lauf der Zeit verrauchte die Wut, und ich sah es eher sportlich: Wer solchen «Geschäften» wie mein Vater nachging, der musste damit rechnen, dass sie auffliegen.

Am späten Abend kamen Freunde meiner Eltern vorbei, man trank stumm Kaffee, war allgemein ratlos und sagte stereotyp, an mich gerichtet: «Charly, melde dich, wenn wir dir irgendwie helfen können.» Ich zog mich in mein Zimmer zurück, mir konnte an diesem Abend niemand helfen. Der, auf den ich immer zählen konnte, war unerreichbar, womöglich für lange Zeit.

Ich zog erstmals in meinem erst kurzen Leben eine Art Bilanz: Alles lag in Trümmern, vielleicht müssten wir demnächst Hunger leiden, die Wohnung verlassen, keine Ahnung ... Erschöpft schlief ich ein. Am nächsten Morgen hoffte ich, dass sich das alles nur in einem fiesen Traum abgespielt hätte. Doch ich wischte mir den Schlaf aus den Augen – und mir war klar, es war die neue Wirklichkeit.

«Papa ist zur Kur»

Ich brauchte nicht in die Schule zu gehen, für zwei Wochen wurde ich freigestellt. Aber ich freute mich nicht über diese zusätzlichen Ferien im November. Lieber wäre ich in die Schule gegangen, und das will schon etwas heißen, denn wer mag schon Schule. Doch man musste mich vor der Öffentlichkeit abschirmen. Vor unserem Haus lungerten Journalisten herum, die sich auf jeden stürzten, dem sie Informationen über «Dakota-Uwe» entlocken konnten, also auch auf mich.

«Junge, geht es dir gut?», fragte mich ein unbekannter Mann. «Weißt du denn, wo dein Vater jetzt ist?», wollte er wissen. Doch noch ehe ich antworten konnte, rief mich meine Mutter ins Haus. Mancher Reporter hatte eine sehr schlüpfrige Art, Kontakt aufzunehmen.

Am Nachmittag fuhr mich Onkel Volker, der jüngere Bruder meines Vaters, ins Ruhrgebiet zu Tante Heidi nach Essen, der älteren Schwester von beiden. Zwei Wochen blieb ich dort. Es war furchtbar. Die Familie war katholisch, konservativ, alles war streng organisiert. Mit meiner 13-jährigen Cousine konnte ich nicht viel anfangen. Sie war eine Prinzessin, der jeden Morgen eine gefühlte Ewigkeit lang vor dem Spiegel von ihrer Mutter die langen, blonden Haare gebürstet wurden. Ihr älterer, 15-jähriger Bruder interessierte sich nicht für mich. Ständig wurde miteinander gebetet. Ich ging lieber vor die Tür und bolzte mit den Nachbarskindern.

Endlich kam ich wieder nach Hamburg und konnte in die Schule gehen. Ich war überrascht, dass mir kaum neugierige Fragen gestellt wurden. Denn genau das hatte ich erwartet. Waren die anderen Kinder instruiert worden, das Thema nicht anzusprechen? Oder war es für die anderen nicht das «große Ding», das es für mich war? Wurde ich dann doch einmal gefragt, was mit meinem Vater war, dann sagte ich wie auswendig gelernt: «Papa ist zur Kur.» So hatte es Mama mir aufgetragen.

Ich besuchte damals, wie schon erwähnt, eine Klasse der Beobachtungsstufe und hatte mit den Kindern dieser für mich neuen Schule nicht allzu viel zu tun. Den Jungs aus der Bande in meiner Straße, Felix, Alexander und Thorben, erzählte ich, was wirklich passiert war. Das war eine Frage der Ehre, schließlich waren wir ja Blutsbrüder oder so was Ähnliches. Außerdem wusste die ganze Straße ohnehin, was bei uns los gewesen war. Und ich musste all die übertriebenen Darstellungen, schließlich hatten die Medien von einem «Schlag gegen die Mafia» und anderem mehr berichtet, ein wenig aufklären. Meine Freunde fanden das spannend und gaben mir nicht das Gefühl, nicht mehr «standesgemäß» zu sein.

Zum Spießrutenlauf wurde allerdings mein wöchentliches Fußballtraining beim SV Blankenese. Beim Training im Stadion am Eichengrund wurde ich nicht mit Fragen, sondern mit Blicken malträtiert. Jeder gaffte mich blöd an, zumindest empfand ich das so. Aber niemand sprach aus, was ihn offenbar in Bezug auf mich beschäftigte. Eltern, die ihre Kinder abholten, streiften mich mit abwertenden Blicken. Ich spürte diese Abneigung und litt unter dem eisigen Schweigen, mit dem sie mich straften. Ich hatte bald genug davon und hörte mit dem Fußball auf.

Auch beim Einkauf in dem nahe gelegenen A&O-Laden spürte ich Ablehnung. Als der Prozess gegen Wilfrid Schulz und meinen Vater begann, sah ich beim Brötchenholen, dass *Bild*-Zeitung und *Hamburger Morgenpost* auf dem Tresen mit der Frontseite deutlich sichtbar nach oben platziert worden waren. Die Blicke der Leute an der Kasse hafteten an mir – aber niemand sagte etwas.

Schlag gegen das organisierte Verbrechen

Die Verhaftung meines Vaters war Teil einer groß-angelegten Polizeiaktion gegen das organisierte Verbrechen, dessen Existenz sich in Deutschland nicht mehr leugnen ließ. 22 Ermittlungsverfahren wurden eingeleitet, zwölf Haftbefehle sollten vollstreckt werden. In zwei Fällen misslang der Zugriff: Darius der Perser war mutmaßlich im Iran untergetaucht. Und Bill Davis saß bereits seit dem 8. August 1981 in französischer Haft, wie sich herausstellte. Wegen Falschspiel. Er hatte versucht, in Monte Carlo einen libanesischen Geschäftsmann über den Spieltisch zu ziehen, war von dessen Bodyguards wohl überführt und der Polizei übergeben worden. Seiner Lebensgefährtin Ursula H. soll es noch gelungen sein, sechs Jetons im Wert von je 100 000 Francs vom Spieltisch zu «retten».

Wilfrid Schulz war nach monatelanger Telefonüberwachung durch die deutschen Behörden ebenso ins Visier der Staatsanwaltschaft geraten wie Darius der Perser, Ursula H. und Davis. Im späteren Untersuchungsbericht, aus dem Lindau in seinem Buch «Der Mob» zitiert, heißt es über Bill und Ursula: «Die Auswertung des gesamten Materials macht deutlich, dass Davis und seine Lebensgefährtin Ursula H. (dies insbesondere nach seiner Verhaftung in Monaco) eine zentrale Rolle in einer kriminellen Vereinigung spielen ...» Und an anderer Stelle heißt es in den Akten: «Nach Unterlagen des FBI wird Davis dem amerikanischen organisierten Verbrechen zugeordnet. Er verfügt seit Jahren über Kontakte zu führenden Personen der US-Mafia, z. B. zu (Carlo) Mastrototaro [Cosa-Nostra-Unterboss in New England – d. Red.], Eddie und Dino Cellini, Jack Farell, internationaler Falschspieler und Manipulator der Spitzenklasse, etc.»

Bill war in Frankreich nach nur knapp zwei Monaten U-Haft in einem Schnellverfahren wegen Falschspiel zu zwei Jahren Gefängnis und der Zahlung von 100 000 Francs verurteilt worden. Die deutschen Behörden stellten umgehend einen Auslieferungsantrag wegen Falschspiel. Doch vorerst saß er in Frankreich seine Strafe ab.

In Deutschland wurde gegen die Beschuldigten zudem wegen Menschenhandel, Falschspiel, Drogendelikten und Bestechung ermittelt. Das Thema Menschenhandel betraf vor allem das ausländische Personal in Wilfrids Tanzlokal «Café Chérie», für das auf verschlungenen Wegen Arbeits- und Aufenthaltspapiere organisiert worden waren. Doch die grenzüberschreitende Kooperation in Strafangelegenheiten steckte damals noch in den Kinderschuhen. Rechtshilfeersuchen oder Auslieferungsverfahren waren sehr langwierig und schwierig.

Selbst der altehrwürdige, neoklassizistische Prachtbau des Bezirksamtes Altona im ehemaligen Rathaus «Am Platz der Republik» wurde an jenem 4. November zum Schauplatz einer Zwangsmaßnahme durch die Staatsgewalt: Mehrere Kripobeamte und ein Staatsanwalt stürmten am frühen Morgen in den zweiten Stock, wo hinter schweren, dunkel gebeizten Holzmöbeln Regierungsdirektor Bernd Sievert saß. Er wurde abgeführt, zunächst ins Polizeipräsidium und anschließend ins Untersuchungsgefängnis gebracht. Der 54-Jährige sollte die Freiheit nie wiedersehen, schmecken, fühlen. Noch in der U-Haft wurde er schwer krank und starb Anfang April 1983 nach einer Herzklappenoperation im Universitätskrankenhaus Hamburg-Eppendorf. Es war das tragische Ende eines Lebemanns.

Durchsucht wurde auch die Kanzlei des Rechtsanwalts Ewerwahn, der Wilfrid Schulz vertrat. Dort fand die Polizei Jetons, also Casino-Chips im Wert von 600 000 französischen Francs aus Monte Carlo. Sie waren, wie sich später herausstellte, von Bill Davis in Hamburg deponiert worden, der im Jahr zuvor wegen Falschspiel von den monegassischen Beamten inhaftiert worden war. Es waren jene Chips, umgerechnet 200 000 Mark wert, die seine Freundin bei seiner Verhaftung hatte retten können. Sie waren nach Hamburg gebracht und bei Ewerwahn versteckt worden.

Mit dem Haftbefehl gegen Darius dem Perser, der im Ausland untergetaucht war, und Untersuchungen im Umfeld des Weltstars Frank Sinatra hatte das Verfahren bald eine globale Dimension erreicht, die den deutschen Justizapparat schlicht überforderte.

Um die Haftbedingungen von dem in Frankreich einsitzenden Bill Davis zu erleichtern, setzte sein kriminelles Umfeld alles in Bewegung. Über einen Rechtsanwalt nahm Ursula H. sogar Kontakt zu den Sängern Dean Martin und Frank Sinatra auf. Beide sollten dazu bewegt werden, ihre guten Beziehungen zu Grace Kelly spielen zu lassen, der damaligen Fürstin von Monaco, wie Dagobert

Lindau in seinem Buch schreibt. Französische Politiker, deutsche Industrielle, Gunter Sachs – nichts blieb unversucht.

Der am 19. November von den deutschen Behörden beantragten Auslieferung des in Frankreich einsitzenden Bill Davis wurde übrigens am 8. März 1983 stattgegeben, ein Jahr und sieben Monate hatte er bis dahin abgesessen. In Deutschland wurde gegen ihn wegen des Vorwurfs der Gründung einer kriminellen Vereinigung ermittelt, sodass der Auslieferungshaftbefehl, der sich ja lediglich auf den Betrugsvorwurf bezog, ausgesetzt werden musste. Bill Davis kam in den Genuss einer vom Gesetzgeber so festgelegten 30-tägigen Schutzfrist, bis gegen ihn ein neuer Haftbefehl, diesmal wegen Betrug und der Bildung einer kriminellen Vereinigung, erlassen werden konnte. Als es so weit war, war Bill längst über alle Berge, vermutlich war er nach Amerika entwichen. Es schien, als sei Deutschland solchen kriminellen Hochkarätern schlicht nicht gewachsen gewesen.

Um in Hamburg juristisch überhaupt irgendetwas bewegen zu können, wurden die Verfahren gegen Wilfrid und meinen Vater vom Gesamtverfahren abgetrennt. Treibende politische Kraft hinter der Operation war Hamburgs damaliger Innensenator Alfons Pawelczyk, ein Major der Reserve mit sozialdemokratischem Parteibuch. Seit zwei Jahren war Pawelczyk im Amt und geriet politisch immer mehr unter Druck. Die Regierung unter Bürgermeister Klaus von Dohnanyi stand insgesamt in der öffentlichen Kritik, einerseits in der Auseinandersetzung mit den autonomen Hausbesetzern in der Hafenstraße und andererseits angesichts der organisierten Kriminalität der Lage nicht gewachsen zu sein.

Es fehlten die Erfolge, während auf St. Pauli die drogenbedingte Gewalt in der Unterwelt sprunghaft zunahm, sodass die Boulevardpresse die Zustände auf dem Kiez mit jenen im Chicago der 20er Jahre verglich. Das war natürlich maßlos überzeichnet, aber tatsächlich wurde St. Pauli mit Beginn der 80er Jahre zu einem Brennpunkt. Pawelczyk hatte 1980 die Gründung einer neuen Ermittlungsgruppe veranlasst, es ging vorrangig um organisierte Kriminalität, im Fachjargon OK genannt: ein Staatsanwalt, dazu bis zu 14 Beamte, zunächst im Rahmen einer Sonderkommission aus dem «normalen Revierbetrieb» ausgelagert und verdeckt untergebracht im Polizeirevier 14 am Hamburger Großneumarkt. 1982 wurde die Fachgruppe «Organisierte Kriminalität» (OK) zur Fachdirektion 65 aufgewertet und unter dem Dach des Hamburger Polizeipräsidiums untergebracht. Die Fachdirektion OK war übrigens bundesweit eine Premiere, eine Gründung, die dann später auch für andere Bundesländer zum Vorbild wurde.

Die Fachdienstgruppe OK (FD65) war zugleich das verspätete Eingeständnis, dass Deutschland sehr wohl ein Problem mit organisierter Kriminalität hatte, was zuvor stets geleugnet worden war. Erster Chef wurde der damals 39-jährige Wolfgang Sielaff. Auf Seiten der Staatsanwaltschaft wurde zeitgleich ebenfalls eine Abteilung zur Bekämpfung der organisierten Kriminalität gegründet, zu der als einer der Ersten der 1943 geborene Jurist und Staatsanwalt Rüdiger Bagger gehörte. Als langjähriger Pressesprecher seiner Behörde brachte er es später zu überregionaler Medienpräsenz. «Wir saßen im Polizeirevier am Großneumarkt, großzügig ausgestattet mit bis zu einem Dutzend Kripobeamten, darum haben uns viele beneidet», schwärmt Bagger noch heute. Dieser personelle Aufwand sollte natürlich auch Ergebnisse zeitigen.

Es war wie stets in solchen Fällen: Die Untersuchungsbehörden fokussierten sich auf die bekannte Szene St. Paulis, ungeachtet der Tatsache, dass Wilfrid Schulz und mein Vater zu diesem Zeitpunkt ihre Zelte mehr oder weniger abgebrochen hatten und sich jedenfalls auf dem Rückzug befanden. Verantwortlich für die ausufernde Gewalt und die Drogenwelle war eine neue Generation von Zuhältern: die erwähnten Kartelle wie die legendäre «GMBH», die sogenannte «Nutella-Bande» oder aufstrebende, zu allem entschlossene Luden wie der «Wiener-Peter» Nusser. Doch diese operierten offenbar noch unterhalb des «Radars» der Polizei. Ein Artikel im *Spiegel* vom Dezember 1983 fasst es so zusammen:

«Im November letzten Jahres glaubten Hamburgs Polizei-Obere, so Innensenator Alfons Pawelczyk, einen schweren Schlag gegen das organisierte Verbrechen gelandet zu haben: Bei einer bundesweiten Razzien- und Festnahmeaktion waren 19 als Unterweltler verdächtige Personen ergriffen worden. Als größten Fang präsentierten die Beamten den Hamburger Gastronomen Wilfrid (‹Frida›) Schulz, 55. Der einstige Reeperbahn-Emporkömmling und ‹Pate von St. Pauli›, so ein Illustriertentitel, war immer wieder mal in den Ruf geraten, ein Big Shot der Hamburger Halbwelt zu sein. Doch alle Verdächtigungen durchstand er, wie die ‹FAZ› schrieb, als ein Mann, dem ‹vieles zuzutrauen, doch wenig nachzuweisen› war. Vor allem aufgrund einer halbjährigen Telefonüberwachung, begründet mit dem Verdacht auf Bildung einer kriminellen Vereinigung, wurde das Verfahren gegen Schulz und seine Freunde immer weiter ausgedehnt – zuletzt auf 60 Personen und 22 Ermittlungsverfahren mit jeweils bis zu 20 Beschuldigten. Eine Latte von Strafvorwürfen kam zusammen, darunter Menschenhandel, Falschspiel, Rauschgiftdelikte und Bestechung. In Haft jedoch sind längst nur noch Schulz und dessen Weggefährte ‹Dakota-Uwe› Carstens.»

EINE ZELLE
IN CELLE

V erdunklungsgefahr» lautet die Metapher, mit der die Staatsanwaltschaft die Möglichkeit umschreibt, verdächtige Personen könnten Absprachen treffen, um einen Tathergang zu verschleiern. Jene Verdunklungsgefahr war der Grund, warum Wilfrid Schulz und mein Vater ihre Untersuchungshaft in getrennten Gefängnissen absitzen mussten. Wilfrid saß im Untersuchungsgefängnis Hamburg Mitte. Nach einem kurzen Aufenthalt dort wurde mein Vater deshalb in den Hochsicherheitstrakt der Justizvollzugsanstalt Celle verlegt.

In Celle, so erzählte er mir später, «klebte» beim Hofgang stets ein 27-jähriger Mithäftling an seiner Seite, der offensichtlich das Gespräch suchte. Mein Vater ließ das eine Weile lang geschehen, bis er der Worttiraden des Dunkelhaarigen mit dem exakten Scheitel irgendwann müde wurde. Da war vom «Schweinesystem» die Rede, von «neuer Ordnung» und «Auslese». Zunächst dachte mein Vater, der Typ sei vielleicht von der «Roten Armee Fraktion», bis Reizworte wie «Auschwitz-Lüge» und «nationaler Widerstand» fielen. Dieser Mann war der bekannte Rechtsradikale Michael Kühnen, der kurze Zeit später nach vierjähriger Haftstrafe wieder freigelassen wurde. «Quatsch mich nicht an», schrie ihm mein Vater daraufhin entgegen. Er hasste Nazis.

«Ich weiß, wo der Goldschatz der Nazis versteckt ist», versuchte es Kühnen am Tag darauf. Offensichtlich hatte er sich überlegt, wie man diesen «Kiez-Gangster» ködern könne – und kam auf den Dreh mit dem Gold. «Ich habe gesagt, quatsch mich nicht mit deiner Nazi-Scheiße an, hast du verstanden? Sonst hat das üble Folgen für dich ...» Jetzt drohte Kühnen zurück: «Wenn du mir so kommst, muss ich wohl mal ein paar Kameraden bei deiner Familie vorbeischicken ...» Er hatte es noch nicht ausgesprochen, da krachte ihm die Faust meines Vaters ins Gesicht, und der selbsternannte Führer ging zu Boden. Ehe sich mein Vater abwandte, sagte er ihm noch: «Deine scheiß Nazis hätten dir als Schwulen damals gehörig einen Einlauf verpasst. Sei froh, dass du in so einem liberalen Land lebst ...»

Jetzt kamen schon die Wachen gelaufen, und Kühnen zeterte: «Habt ihr gesehen, er hat mich geschlagen.» Mein Vater war inzwischen weitergegangen und befürchtete jetzt eine Strafe. «Ja, wir haben gesehen, wie du unglücklich hingefallen bist», sagte einer der Wärter. Kühnen hatte es offenbar nicht leicht.

Oft bin ich in diesen Wochen mit meiner Mutter nach Celle gefahren. Da es nur eine Besuchsgenehmigung für einen einzigen Angehörigen gab, hat meine Mutter ihn besucht, während ich in einem Imbiss nahe der Anstalt auf sie gewartet habe. Ich habe mich dann draußen auf eine Bank gegenüber dem Gefängnis nahe eines kleinen

Parks gesetzt und gehofft, mein Vater könne mich aus einem der Fenster da drüben sehen. Ich muss einen traurigen Anblick geboten haben, denn irgendwann sprach mich der Imbissbesitzer mitleidig an: «Wo kommst du denn her, Junge? Ich habe dich hier schon so oft gesehen.» – «Ich habe hier Verwandte», log ich kurz. Er hat natürlich geahnt, dass es nicht stimmte. Vermutlich erlebte er solche Situationen öfter.

Tatsächlich hat mich mein Vater einmal vom Fenster aus gesehen, erzählte er mir später. Einer der Ermittler hat ihn wohl ans Fenster geführt und ihm gesagt: «Siehst du da drüben deinen Sohn? Du kannst sofort raus zu ihm, sobald du aussagst.» Den Ermittlern ging es um Namen, um Belastbares, weil es der eigens gegründeten Sonderkommission nicht gelungen war, die Existenz einer «kriminellen Vereinigung» in Bezug auf einen der Anklagepunkte nachzuweisen. Auch gab es bis dahin keine Indizien für das «bandenmäßige Glücksspiel». Doch auf das unglaubwürdige Angebot der sofortigen Zusammenführung mit mir ging mein Vater mit keiner Silbe ein. «Zurück in die Zelle, aber sofort», lautete seine Antwort.

Obwohl er im Gefängnis saß, drehte sich ein Großteil unseres Lebens weiter um meinen Vater. Zweimal in der Woche fuhren meine Mutter und ich zum Karl-Muck-Platz in das Strafjustizgebäude, um dort Briefe für ihn abzugeben. Das wurde fast zu einem Ritual. Von dort aus gingen wir zum Jungfernstieg ins Streitshaus, wo unser Anwalt Dr. Klaus Hüser seine Kanzlei hatte, um das weitere Vorgehen im Prozess zu besprechen. In der Zeit habe ich meistens gegenüber bei Eis-Warncke am

Alsteranleger mit einem Spaghettieis auf meine Mutter gewartet. Manchmal sind wir dann noch auf den Kiez in die Kneipe «Nordlicht» in der Balduinstraße gefahren. Deren Betreiber Hilde und Butje Arndt waren Freunde meiner Eltern. Es tat gut, Leute zu treffen, die uns Trost spendeten. Butje war eine Art «Komplize» meines Vaters, denn er hatte ihm mehrfach seinen Reisepass für Auslandsreisen zur Verfügung gestellt – beide sahen sich ähnlich.

Während Mama im «Nordlicht» am Tresen saß, einen Kaffee trank und sich mit Hilde unterhielt, spielte ich mit den anderen Gästen Billard und fütterte die Musikbox. Es gibt Lieder, die sind für mich mit dieser Zeit verbunden wie eine Art Soundtrack, «Baby Jane» von Rod Stewart zum Beispiel oder «School» von Supertramp.

Wenn es mir im «Nordlicht» zu langweilig wurde, ging ich um die Ecke Richtung Hans-Albers-Platz in die Friedrichstraße. Dort standen damals auch tagsüber die Mädels vor den Steigen, ein bis zwei von ihnen kannten mich immer. «He, Charly, wie läuft's? Dein Papa ist bestimmt bald wieder da ...», lauteten so Standardsprüche.

Und wie früher, als ich viel kleiner war, ging ich dann mit ihren Hunden eine Runde ums Eck. Zu dieser Zeit waren Pudel auf dem Kiez ziemlich angesagt, vielleicht hatte das ja auch etwas mit der allgemeinen Frisurenmode zu tun ... Wenn ich dann von meinem Rundgang Richtung Reeperbahn über Silbersackstraße und Balduinstraße zurückkam, bekam ich einen Heiermann, die Preise hatten sich nicht verändert. Beim Bäcker in der Silbersackstraße kaufte ich mir davon Franzbrötchen.

Charly will zur Polizei

Meinem Vater war es unangenehm, dass ich nach Celle fuhr. Er hatte zwar großes Verlangen, mich zu sehen. Es deprimierte ihn aber, dass ich in diese Stadt nordöstlich von Hannover fahren musste, die vor allem von Angehörigen der Insassen besucht wurde. Es kostete uns jedes Mal einen halben Tag, mitunter schwänzte ich dann einfach Nachmittagsunterricht in der Schule. Obwohl er mit den Ermittlern nicht kooperierte, zumindest was Informationen über seine Partner betraf, setzte in diesen Wochen ein Prozess tiefgreifenden Umdenkens bei ihm ein. Er wollte sein Leben ändern, er wollte aufrichtig mit seiner kriminellen Vergangenheit brechen – für Mama und mich.

Die Staatsanwaltschaft registrierte das und nahm ihm diese auf Reue basierende Läuterung ab. Man gewährte ihm eine Sonderregelung, was wohl innerhalb der Behörde zu einer heftigen Kontroverse geführt hat, wie ich später hörte: Das neu gegründete Ressort OK (Organisierte Kriminalität) der Fachdirektion 65 belegte dort drei Etagen. In der dritten Etage hatten die Mitarbeiter ihren Aufenthaltsraum – mit Tischtennisplatte, Küchenzeile und Sitzecke. Im Sommer 1983 wurde uns dort ein Treffen ermöglicht. Wir mussten einmal nicht nach Celle fahren. Auch ich durfte ihn dort sehen, aber dazu kam es tatsächlich nur ein einziges Mal.

Und so lief es ab: Mein Vater wurde nach Hamburg gefahren, und wir konnten dort im Polizeigebäude mehrere

Stunden zusammen verbringen. Es gab Kaffee, ein Teller mit Keksen stand auf dem Tisch, und ein gelangweilter Beamter malte auf die Papiertischdecke ein Segelschiff, das nicht einmal schlecht aussah, vermutlich hatte er das schon öfter getan.

Der damalige Oberstaatsanwalt Rüdiger Bagger, der das Verfahren leitete, hatte das ebenfalls befürwortet. Rückblickend würde ich sagen, dass wir als Familie sehr fair behandelt worden sind und dass man uns entgegenkam. Was auch bedeutete, dass Mama und vor allem ich nicht zu verbitterten Systemhassern geworden sind, die sich als Opfer gnadenloser Strafverfolger sahen, obwohl ich, wie bereits erwähnt, kurz nach Papas Verhaftung zu solchen Überzeugungen neigte. Nein, grundsätzlich wurde unser Vertrauen in den Rechtsstaat nicht erschüttert. Wusste ich doch, dass mein Vater «krummen Geschäften» nachging.

«Können wir nicht irgendwo an einer Tanke haltmachen, damit ich meinem Jungen wenigstens ein kleines Geschenk mitbringen kann – und wenn es nur eine Tüte Haribo ist?», fragte mein Vater auf dem Weg zu unserem Treffen die ihn im Transporter begleitenden Beamten. Auf der eineinhalbstündigen Fahrt entlang der A7 hätten sich zahlreiche Gelegenheiten für einen kurzen Stopp ergeben. «Ist leider nicht erlaubt», kam von einem der Beamten zurück. Doch dann hielt die «Wanne», wie die Transporter der Polizei genannt wurden, doch überraschenderweise an einer Raststätte. Der Beamte drehte sich um, sagte: «Hör zu, Uwe, ich geh da jetzt rein und kaufe etwas, versprich uns, dass du keinen Scheiß baust, sonst sind wir nämlich unseren Job los – und du bekommst ein noch größeres Problem. Bist du dabei?» Das Gesicht meines Vaters hellte sich auf. «Klar, Mann, danke», sagte er. Und dann kam der Beamte mit einer Packung «Milky Way» zurück, schob meinem Vater einen 20-DM-Schein zu und sagte: «Damit du Charly was zustecken kannst.»

Mein Vater hat später lange versucht herauszufinden, welcher Polizist das war und wo er zu finden sei, damit er sich bedanken konnte. Leider vergeblich, vom unbekannten Spender fehlte jede Spur. Vielleicht kann ich es ja im Namen meines Vaters tun, falls er heute dieses Buch liest. Er machte noch eine Reihe ähnlich positiver Erfahrungen, die ihn in seinem Beschluss bestärkten, seinem Leben eine grundsätzlich andere Richtung zu geben.

Staatsanwalt Bagger stellte mir damals diese typische Erwachsenenfrage, auf die man Kinder anspricht, wenn einem sonst nichts einfällt: «Was willst du eigentlich mal werden, Charly?» Und was sagte das Kind eines Schwerkriminellen? «Ich möchte Polizist werden!» Bagger genoss diese Aussage mit stiller Genugtuung.

Einer der Polizisten, die mich am Polizeigebäude stets in Empfang nahmen, war Hauptkommissar Rolf Bauer. Zwei Jahre später entging er durch einen tollkühnen Sprung aus dem Zimmer 418 im Polizeipräsidium am Berliner Tor den Schüssen des Killers Werner «Mucki» Pinzner, der als Mehrfachmörder in einer Vernehmung mit einer eingeschmuggelten Pistole den leitenden Staatsanwalt, seine Frau und sich selbst tötete.

Mutter fehlt der Imbiss-Boss

Erstmals seit ihrer Zeit im «Golden Nugget» musste meine Mutter wieder lernen, auf eigenen Beinen zu stehen. Nach einem Monat gab es die ersten Probleme. Sie hatte sich nie mehr Gedanken über Geld oder organisatorische Fragen machen müssen. Natürlich auch nicht darüber, wie man unser «Imbiss-Imperium» leitet. Jetzt stand sie vor riesigen Herausforderungen. Die Konten der Familie waren gepfändet worden, und Mama wusste nicht, wie sie Brauerei oder Würstchen-Lieferant bezahlen sollte. Es ging um Unmengen an Wurstwaren, viele tausend Thüringer und Schinkenwürste.

«Ich weiß jetzt noch nicht, wann ich die Ware bezahlen kann. Fest steht nur, wenn wir jetzt die Imbisse schließen, können wir gar nichts mehr abzahlen und bestellen auch künftig nichts mehr», sagte sie zu Willi Harms, dem Hareico-Chef. Der zeigte sich großmütig: «Frau Carstens, machen Sie sich darüber mal keinen Kopf. Sie haben jetzt bestimmt ganz andere Sorgen. Bestellen Sie weiter so viel, wie Sie brauchen, und alles andere regele ich dann mit Ihrem Mann, wenn er irgendwann wieder da ist.» Papas «Handschlag-Diplomatie», diese auf Freundschaft und Vertrauen basierende Nähe, auf die er stets setzte, zahlte sich in diesem Fall aus.

Wenn ein Mensch einer der beiden Hauptangeklagten in einem der «größten Mafia-Prozesse der bundesdeutschen Geschichte» ist, wie es in den Medien nachzulesen war, dann müsste man doch befürchten, dass den Angehörigen der Beschuldigten die geballte Abneigung der Gesellschaft entgegenschlägt. Menschen, die sich früher Freunde nannten, wechseln plötzlich die Straßenseite oder werden zumindest sehr schmallippig, wenn man ihnen begegnet. Doch ich erinnere mich an nichts dergleichen. Die Mitarbeiter unserer Imbisse und die vielen Freunde meines Vaters halfen meiner Mutter, wo sie nur konnten.

Ringo Klemm zum Beispiel, der ja auch ein bekennender HSV-Fan war, kam vor jedem Spiel zu meiner Mutter und fragte, wo er helfen könne, und packte mit an, wo gerade jemand fehlte. Er heiterte uns auf, indem er die ganze Zeit Witze riss. Diese Heiterkeit tat so gut. Die alte Hamburger Halbwelt unterstützte vorbehaltlos jene, die in die Mühlen der Justiz geraten waren. Diese Szene hatte damals ein ehernes Gesetz: Niemand wird fallengelassen, vor allem die Angehörigen nicht.

Und uns erreichte auch, wirklich filmreif, ein viel weitreichenderes «Hilfsangebot».

Es war an einem der Tage kurz nach der Verhaftung meines Vaters, da klingelte bei uns zu Hause das Telefon. Ich nahm den Hörer ab. Ein gebrochen Deutsch sprechender Mann meldete sich, sagte: «Hallo, deine Mama ist auch zu Hause?» Ich bejahte und holte meine Mutter ans Telefon, blieb aber neugierig neben ihr sitzen. «Ja, okay, das mache ich, vielen Dank», hörte ich sie sagen, dann legte sie auf. «Wer war das?», fragte ich sie. Sie schaute mich etwas verwirrt an und sagte nur leise: «Ich soll Papa fragen, ob sie ihn aus dem Gefängnis holen sollen, sie würden nächste Woche wieder anrufen, und ich solle nur ja oder nein sagen.»

Sie hätte natürlich am liebsten sofort abgelehnt, und sie wusste auch, dass mein Vater dieses Angebot nicht annehmen würde. Aber sie wollte nicht vorgreifen und fragte ihn tatsächlich, was er davon hielt. Das waren offensichtlich die Leute mit Kontakt zur «ehrenwerten Gesellschaft», zur Mafia, die sich für die von meinem Vater einst geleistete Hilfe nach dem Ausbruch von Wuppertal revanchieren wollten.

In mehrerlei Hinsicht war das kompletter Irrsinn. Einerseits weil wir ja schon länger wussten, dass unsere Telefone abgehört wurden. Andererseits war mein Vater ja kein Schwerkrimineller, kein Mensch, der sich vorstellen konnte, dauerhaft in den Untergrund abzutauchen. Die Strafe, mit der er und wir rechneten, rechtfertigte einen solch kompletten Bruch mit der Gesellschaft nicht. Und schließlich gab es ja auch noch uns; wir hätten die Suppe auslöffeln müssen. Abgesehen von all diesen rationalen Erwägungen, zog mein Vater eine solche Überlegung nicht einmal ansatzweise mehr in Betracht. Er hatte für sich selbst längst entschieden, die Konsequenzen seiner kriminellen Karriere zu tragen – und endlich ein normales, redliches Leben zu beginnen.

Solange er dazu noch Gelegenheit hatte. Abgesehen davon, dass er sich mir und Mama gegenüber dazu verpflichtet fühlte: Demnächst würde er 40 Jahre alt sein. Endlos viel Zeit, das Fundament für ein anderes Leben zu legen, blieb nicht mehr. Er war von der Idee besessen, endlich erwachsen zu werden, das Kiezleben, das ihm zwar einen gewissen Wohlstand, aber auch viel Ärger gebracht hatte, hinter sich zu lassen.

Es gab indessen in jenen Tagen nicht nur Solidarität, manchmal schlug uns auch Hass entgegen. Als wir an einem Sonnabend morgens ins Stadion fuhren, kam uns aufgeregt der Hausmeister entgegen und rief meiner Mutter zu: «Gaby, bleib ruhig und reg dich nur nicht auf. Da haben irgendwelche Nazis unsere Imbisse mit Hakenkreuzen besprüht, an einem steht sogar ‹Kauf nicht beim Juden!›.»

Der Hausmeister hatte schon Farbeimer und Rolle parat und übermalte dann alles. Wie im Umfeld von vielen Fußballvereinen gab es auch beim HSV rechtsradikale Fans, die sich jetzt offenbar berufen gefühlt hatten, ihren Vorstellungen von «Recht und Ordnung» Nachdruck zu verleihen. Es kann auch sein, dass es einen anderen Hintergrund gab. Mein Vater hatte meiner Mutter einige Jahre früher einen weiß-goldenen Brillantanhänger in Form eines Davidsterns geschenkt, den sie gern trug. Während eines Besuchs im Elbeeinkaufszentrum im Stadtteil Osdorf war sie einmal von einem Mann im Vorbeigehen einfach so niedergeschlagen worden – und als «Judensau» beschimpft worden. Normalerweise hätte mein Vater das allein geklärt, doch diese Attacke sprengte aufgrund ihrer offensichtlich rassistischen Motivation den sonst bei ihm üblichen Rahmen, sodass auch die Polizei eingeschaltet wurde. Weil mein Vater damals sehr gute Kontakte zu Polizei und Verfassungsschutz hatte, bekam er die Information zugesteckt, dass hinter der rüden Attacke auf meine Mutter eine kleine Nazi-Zelle aus Hamburg-Lurup steckte, die sich zu ihren konspirativen Treffen immer in einer Kellerwohnung traf. Mein

Vater sorgte dafür, dass sich dieser Keller mit lautem Knall buchstäblich in Rauch auflöste. Ich weiß bis heute nicht, was da tatsächlich passiert war. Aber mutmaßlich hat mein Vater ein paar Freunde vorbeigeschickt. Mit der Folge, dass diese Nazis ihm ewige Feindschaft schworen. Allerdings war die Gruppe nicht sehr schlagkräftig und mächtig. Falls sie dafür tatsächlich verantwortlich war – zu mehr als einer Sprühattacke auf unsere Imbisse hatte es dann wohl nicht gereicht.

KÖNIG
VOR
GERICHT

Alfons Pawelczyks «Schlag gegen das organisierte, global operierende Verbrechen» war im November 1982 mit schwerem Geschütz geführt worden: 19 «Unterweltler», so nannte sie der *Spiegel*, waren zunächst festgenommen worden, karrenweise waren belastende Akten, Falschspiel-Utensilien und Schießzeug sichergestellt worden. Das hatte dazu geführt, dass die erwähnten 22 Ermittlungsverfahren wegen schwerer Delikte wie Menschenhandel und Rauschgifthandel eingeleitet worden waren.

Doch als sich der Pulverdampf verzogen hatte, sah die Bilanz ernüchternd aus. Die meisten Verfahren versandeten in der Beliebigkeit; der Vorwurf der Bildung einer kriminellen Vereinigung war fallengelassen worden.

Aufmerksamkeitsträchtig war am Ende nur noch das abgetrennte Verfahren gegen Wilfrid Schulz und meinen Vater, das am 20. Dezember 1983 vor einer Hamburger Landgerichtskammer am Sievekingplatz 1 im Gerichtssaal 377 begann. Vom angekündigten großen «Mafia-Prozess» war allerdings auch hier nicht viel übrig geblieben. Wilfrid, inzwischen 55, sah seinem 26. Verfahren entgegen. Nur vier Verfahren waren tatsächlich zu Ende geführt worden, und nur einmal war er verurteilt worden, auch wenn er bei Razzien in illegalen Spielclubs in Berlin, München und Düsseldorf immer wieder angetroffen worden war. Verknackt hatte man ihn zwischenzeitlich lediglich wegen Steuerdelikten, im Übrigen gab es stets Freisprüche und Verfahrenseinstellungen, nachdem Zeugen umgefallen oder Strafanträge zurückgezogen worden waren.

Doch jetzt, kurz vor Jahresende 1983, war es nicht mehr die alte, souveräne «Tante Frida», die da vor Gericht saß. Vierzehn Monate Isolationshaft hatten dem Ästheten gesundheitlich zugesetzt, Wilfrid Schulz wirkte müde. Sein früher so souveränes Auftreten war einer gewissen Unterwürfigkeit gewichen. «Ich kann da nichts Verbotenes sehen, Herr Vorsitzender, was ich gemacht habe», zitierte ihn die Journalistin Viola Roggenkamp am 20. Januar 1984 in der *ZEIT* mit einer charakteristischen Wendung. Sie fährt fort: «Hastig knöpft er sein mit giftig-grüner Seide gefüttertes Jackett zu. Der graue, gutsitzende Anzug ist zwar maßgeschneidert, aber der Nadelstreifen ist eine Idee zu breit und darum doch haarscharf vorbei an dem, was elegant zu nennen wäre.»

Die ursprünglichen Anklagepunkte – Menschenhandel, Rauschgifthandel, Mitglied in einer kriminellen Vereinigung nach Paragraph 129 des Strafgesetzbuches – hatte man längst fallengelassen. Das führte dazu, dass eine wesentliche Säule der Ermittlung, die Überwachung der Telefone, wovon ja auch unser Anschluss betroffen war, keine rechtliche Grundlage mehr hatte, denn sie wären nur im Zusammenhang mit Paragraph 129 gerechtfertigt gewesen. Das Oberlandesgericht hatte aber die Verwertung der unter falschen Voraussetzungen beschafften Lauschergebnisse erlaubt, was das zu erwartende Urteil angreifbar machte.

Am Ende blieb es für Wilfrid Schulz bei wenigen dürftigen Anklagepunkten: Förderung der Prostitution (Paragraph 180 a) und Steuerhinterziehung, Beihilfe zur Urkundenfälschung sowie eine falsche eidesstattliche Versicherung. Verurteilt wurde er am Ende vor allem für die Fälschung eines Bootsführerscheins, mit dem er seine 200 000-Mark-Yacht «Sea Ray» steuerte. Die Fotos des gefälschten Bootsführerscheins waren bei einer Hausdurchsuchung in seiner Villa gefunden worden.

Schulz sah sich denn auch als Justizopfer, als jemand, der mit seiner Prominenz bezahlen musste, weil man der vielen namenlosen Gangster nicht habhaft werden konnte. Man verknacke ihn, «weil ich Wilfrid Schulz bin», sagte er vor Gericht in Richtung Richter Glages. «Die sind doch hinter mir her, als sei ich ein Ungeheuer. Ich bin vor 14 Monaten in meinem Haus verhaftet worden. 15 Leute haben mich da rausgeholt, haben alles durchsucht vom Dach bis zum Keller. Und da unten haben sie dann einen Haschbeutel gefunden. Da war so was drin, klein geschnitten wie Marihuana. Ich werde blass, ich drehe mich entsetzt um, ich sage zu Renate: ‹Was ist denn das? Wie kommt das hierher?› Da sagt sie: ‹Reg dich nicht auf, Wilfrid, das ist mein Henna, damit wasche ich mir die Haare.›»

Was ihn aber eigentlich empörte, war die Doppelzüngigkeit der hanseatischen Gesellschaft. Auf seiner Box-Gala oder im «Chérie» hatte sich die feine Hamburger High Society die Klinke in die Hand gegeben, auf der Gästeliste im «Tanzlokal» hatte sich alles eingefunden, was in Politik, Wirtschaft und Gesellschaft einen Namen hatte. Und hier vor Gericht musste er sich nun der «Schlüpfrigkeit» bezichtigen lassen. «Wenn man ein solch schlüpfriges Geschäft macht, dann muss man sich informieren ...», war ihm vom Richter vorgeworfen worden. «Das ist kein schlüpfriges Geschäft, mein ‹Chérie› ist ein Wiener Café, nussbaumverkleidet, waren Sie schon mal da?», gab Wilfrid zurück. Womöglich hat er das wirklich geglaubt.

Am 13. April 1984 wurde er von der Großen Strafkammer am Landgericht Hamburg zu drei Jahren und sechs Monaten Haft verurteilt – wegen Förderung der Prostitution, wegen Steuerhinterziehung in fünf Fällen, wegen Beihilfe zur Urkundenfälschung und wegen tateinheitlicher Anstiftung zur falschen uneidlichen Aussage und zur Begünstigung. Der Bundesgerichtshof hob im Jahr darauf das Urteil wegen Steuerhinterziehung in zwei Fällen wieder auf. Am 20. Oktober 1986 verurteilte die Große Strafkammer des Landgerichts Wilfrid wegen Einkommensteuerhinterziehung zu einer Gesamtstrafe von zwei Jahren und sechs Monaten sowie zu einer Geldstrafe, 57 500 DM. Er nahm das Urteil an und reichte später ein Gnadengesuch ein, das aber abgelehnt wurde.

Der größte «Mafia-Prozess» der bundesdeutschen Rechtsgeschichte war auf Normalmaß geschrumpft, der Haftbefehl wegen Mitgliedschaft in einer kriminellen Vereinigung war aufgehoben worden. Die Staatsanwaltschaft hatte dieses Verfahren abgetrennt und musste es später einstellen. Es gab keine belastenden Zeugenaussagen, und es ließ sich kaum etwas nachweisen. Wilfrid hatte sich mal wieder clever angestellt und galt, zumindest was diesen Vorwurf betraf, als unschuldig.

Dennoch bezahlte er einen hohen Preis. Längst war er ein gebrochener, von der ewigen Strafverfolgung müde gewordener Mann. Das Chérie verkaufte er an den bereits erwähnten Walter Staudinger, einen Freund aus München, der daraus ein Spielcasino machte. Nach seiner Verurteilung sollte Wilfrid Schulz nur noch acht Jahre leben.

Ende einer Freundschaft

Mein Vater musste sich vor Gericht wegen Bestechung im Fall Sievert, wegen unerlaubten Waffenbesitzes und wegen des Kleinhandels mit Drogen verantworten – es ging dabei wohl um mehr als um ein Beutelchen Henna. Ein zweiter Bestechungsvorwurf – dem damals 43-jährigen Amtsträger Hugo D. aus Steilshoop, Angestellter in der Auslandsabteilung im Einwohnermeldeamt und zuständig für die «EG-Staaten», sollen 5000 DM für Aufenthaltsgenehmigungen gezahlt worden sein – konnte nicht stichhaltig nachgewiesen werden. Die Aufenthaltsgenehmigungen betrafen wohl Bedienstete von Wilfrids Tanzcafé Chérie.

Mein Vater war unvorsichtig geworden. Sein Ziel vor

Augen, den Schritt hinein in die legale Geschäftswelt zu vollziehen, hatte ihn leichtsinnig gemacht. Die Imbiss-Lizenz im HSV-Stadion war ursprünglich als Fahrkarte in eine solide berufliche Karriere gedacht. Er wollte aus dem kriminellen Milieu aussteigen, er wollte solide werden. Und bediente sich für die Umsetzung dieses honorigen Ansinnens krimineller Mittel. Das war natürlich fatal. Es hätte auch andere Wege in eine legale geschäftliche Karriere gegeben, doch mein Vater vertraute in der Praxis seinen «alten Instinkten». Und Schmiergeldzahlungen gehörten dazu. Vermutlich dachte er, dass die Geschäftswelt so tickt. Doch das war ein Irrtum, die Bundesrepublik war keine Bananenrepublik. Ganz sicher existierte Korruption, aber eben als Ausnahme und nicht als Regelfall.

Für diesen Irrtum oder Vorsatz bezahlte er jetzt einen hohen Preis. Er wurde zu einer Freiheitsstrafe von drei Jahren und drei Monaten verurteilt – wegen falscher uneidlicher Aussage in Tateinheit mit Begünstigung, wegen tateinheitlicher Anstiftung zur falschen uneidlichen Aussage und zur Begünstigung, wegen Bestechung, wegen Verstoß gegen das Betäubungsmittelgesetz und wegen Verstoß gegen das Waffengesetz in zwei Fällen, wie es im schönsten Juristendeutsch in den Strafakten heißt.

Doch noch war die Strafe nicht rechtskräftig. Mein Vater und seine Anwälte gingen in Revision, ließen das Urteil also beim nächsthöheren Gericht juristisch überprüfen. Was dazu führte, dass nach fast 15 Monaten Untersuchungshaft, es waren genau 417 Tage, das Gericht Haftverschonung anordnete, solange das Urteil nicht rechtskräftig war. Am 13. April 1984 war er wieder auf freiem Fuß. 558 Tage Knast, also etwas mehr als eineinhalb Jahre, schwebten weiterhin wie ein Damoklesschwert über ihm.

Was also anfangen mit diesem gescheiterten Leben? Die Konzession für das HSV-Stadion war inzwischen verloren, die Ausschreibung durch das Bezirksamt erfolgte neu – mein Vater beteiligte sich nicht daran. Er beschritt beruflich jetzt einen wirklich legalen Weg. Er wurde Gastronom, weit weg vom Kiez. Wieder konnte er auf alte Freunde bauen, dieses Mal die etwa zehn Jahre ältere Annemie Bahr, Besitzerin des Hotels Schmidt in der Reventlowstraße im feinen Stadtteil Othmarschen und mehrerer anderer Einrichtungen. Annemie war auch die Besitzerin einer Kneipe direkt am S-Bahnhof von Othmarschen. Die Pächterin dort suchte einen Nachfolger. Mein Vater kratzte alle finanziellen Reserven zusammen. In Spanien hatten er und Wilfrid Geld geparkt – das war eigentlich für die Altersvorsorge gedacht. Mit dieser Investition übernahm er von der Pächterin das Interieur, wurde auch mit Annemie als Vermieterin handelseinig – und eröffnete 1984 seine Kneipe «Lütt Döns» und später vis-à-vis den Imbiss «Lüttn Schnack». Es waren Tage des Aufbruchs in einer eigentlich trostlosen Zeit. Zur Eröffnung kamen bekannte Größen wie der Immobilien-Tycoon Willi Bartels, der Schauspieler und Regisseur Jürgen Roland und Fußballlegenden wie Uwe Seeler und Max Lorenz.

Der Laden wurde Vaters Wohnzimmer. Und er wurde zu einer Art «Vorzimmer» des Volksparkstadions. Uli

Stein, Manfred Kaltz, Horst Hrubesch – die Creme der erfolgreichsten HSV-Mannschaft aller Zeiten aus den frühen 80er Jahren gab sich im «Lütt Döns» die Klinke in die Hand. «Komm, wir treffen uns bei Uwe», lautete das geflügelte Wort, oft genug ausgesprochen vom Namens-vetter Uwe Seeler. «Uns Uwe», wie die Hamburger Seeler nennen, brachte gern auch seinen Vater Erwin mit. Vom «Lütt Döns» ging es dann direkt mit dem Shuttle ins HSV-Stadion.

Nur das Verhältnis zu Günter Netzer, seit 1978 Mana-ger des HSV, war irreparabel zerstört. Der Weltmeister von 1974 hatte meinem Vater nicht vergessen, dass er wegen dieses unglücklichen Imbiss-Deals in die Mühlen der Justiz geraten war und «im größten Mafia-Prozess der Bundesrepublik» vor Gericht aussagen musste. Das hatte dem Ansehen des eitlen Mönchengladbachers nicht gutgetan. Wenngleich er noch bis 1986 HSV-Manager blieb, ließ er sich nie im «Lütt Döns» sehen.

Das «Lütt Döns»

Mein Vater war jetzt 41 Jahre alt und schien seine Berufung gefunden zu haben. Er war immer im Laden – stand aber nie hinterm Tresen. Er war Hausherr, Unterhalter, stand im Mittelpunkt des Geschehens und trug auch auf diese Weise zum wirtschaftlichen Gelingen des neuen Geschäfts bei. Er war geradezu desinteressiert, was das Klein-Klein des täglichen Geschäfts betraf, sein

«Geschäft» war es, Präsenz zu zeigen. Den Job machten Angestellte.

Und natürlich kamen auch die alten Freunde aus dem Milieu vorbei, die «Casino-Connection» und andere St.-Pauli-Gestalten. «Dakota, es gibt da ein paar ganze heiße Projekte, die warten auf Fachleute wie dich ...», hieß es nicht nur einmal. Natürlich war es da schwierig, standhaft zu bleiben. Vor allem, wenn er sah, wie hoch die Ausgaben für das «Lütt Döns» waren – Einkauf, Miete, Personal, Steuern – und was dann am Monatsende übrig blieb.

Schon längst flogen bei uns keine mit Gummiband zusammengehaltenen Geldbündel mehr aufs Fensterbrett. Ich bin mir sicher, dass die Versuchung da war, vielleicht ein letztes Mal ins Casino-Geschäft einzusteigen, ein paar spielsüchtige Millionäre abzuzocken. Einen finanziellen Befreiungsschlag zu landen – und es dann für immer seinzulassen. Oder die alten Kontakte im Rotlichtmilieu zu aktivieren.

Doch die Zeiten hatten sich geändert. Das Klima auf St. Pauli war frostig geworden. Die alten, lange Zeit von Wilfrid dominierten Strukturen hatten sich nun aufgelöst. In der deutschen Casino-Landschaft griffen allmählich Sicherheitskonzepte, die anfängliche Naivität der Betreiber war einer professionellen Überwachungstechnik gewichen. Es wurde immer noch betrogen, doch man musste technisch viel raffinierter vorgehen.

Mein Vater hat also wohl tatsächlich ein paar Tage über die Angebote seiner alten Freunde nachgedacht – um dann dankend abzulehnen. «Nein, Jungs, ich bin da raus.

Definitiv und unwiederbringlich. Fragt bitte nicht wieder nach, Dakota hat ein neues Leben angefangen.»

Niemand nahm ihm das übel. Freunde blieben Freunde. Nur mit einem kam es zum historischen Bruch. Ich war Zeuge, wie sich mein Vater im «Lütt Döns» mit Wilfrid Schulz stritt. Der einstige «König von St. Pauli» war alt geworden und wirkte müde. Beiden, Wilfrid und meinem Vater, hatte das Gefängnis zugesetzt, die Häuptlinge hatten Federn gelassen. Ich hörte, wie mein Vater Wilfrid anschrie: «Verpiss dich, ich will dich hier nie wiedersehen!» Dann verpasste er ihm tatsächlich einen Tritt in den Hintern, Wilfrid flog geradezu aus dem «Lütt Döns» hinaus.

Ich hatte keine Ahnung, worum genau der Streit sich drehte. Aber ich vermute, es ging um Geld, viel Geld aus gemeinsamen Geschäften, das Wilfrid nicht mehr hergeben wollte oder konnte.

Natürlich nahm ich instinktiv für meinen Vater Partei. Aber ich hatte auch tief in meinem Inneren das Gefühl, dass Wilfrid, der für mich stets wie ein Onkel gewesen war, einen solchen Rauswurf nicht verdient hatte. «Was war denn los?», fragte ich meinen Vater dann später, «was hat er denn gemacht?» Er winkte nur ab und schnaufte: «Er soll mir vom Leib bleiben, der kann mich mal.»

Ich sah Wilfrid jahrelang nicht mehr. Es muss im Frühjahr 1987 gewesen sein, ich war 16, als ich mit meinem Freund Stefan die Reeperbahn entlang Richtung Dom lief, dem bereits beschriebenen, drei Mal im Jahr stattfindenden «größten Volksfest des Nordens». Am Hotel Monopol, wo die Detlev-Bremer-Straße in die Reeperbahn mündet, rief jemand mit einem kräftigen Organ: «Charly!!» Das war Kuddel Meyer, ein alter Freund meines Vaters. Ich ging auf Kuddel zu, um ihm die Hand zu geben, da sah ich, wie der Mann neben ihm ebenfalls über das ganze Gesicht strahlte und mich mit ausgestreckten Armen begrüßen wollte – es war Wilfrid.

«Hab leider keine Zeit», sagte ich und ging schnell weiter. Ich sah noch, wie sein Gesicht die Freundlichkeit verlor und er mich unendlich traurig ansah. Ich fühlte mich elend, glaubte es aber, der Loyalität zu meinem Vater schuldig zu sein. Es war unsere letzte Begegnung, ehe Wilfrid fünf Jahre später am 26. August 1992 an Prostatakrebs starb. Die Beerdigung auf dem Friedhof Blankenese fast in Sichtweite seiner Villa wurde zu einem der letzten großen Schaulaufen der Alphatiere aus St. Paulis goldener Zeit. «Er gelangte unter Ausschöpfung seiner besonderen Gaben zu Reichtum und Ansehen», sagte der Pastor am Grab, wie ich später las.

Mein Vater und ich waren auch auf der Beerdigung, es war wie ein Spießrutenlauf vor den Leuten von der Presse. Irgendwann war es uns zu viel, und wir stellten uns hinter ein Toilettenhäuschen. Abgeschirmt von einem Rhododendron, hatten wir etwas Ruhe.

Als man Wilfrids Sarg unter den Klängen von Frank Sinatras «I did it my way» in die Erde gleiten ließ, wurde ein Stück weit auch St. Pauli beerdigt. Das klingt pathetisch, aber viele empfanden es damals so. Auch wir traten an Wilfrids Grab und verabschiedeten uns, indem wir eine Schaufel Sand hineinwarfen.

Ich dachte an all die Jahre, die ich ihn aus nächster

Nähe erlebt hatte – an die wasserspuckenden Schildkrö-
ten am Pool in seinem Keller, an die Boxhandschuhe, an
seine Späße, wenn er manchmal während eines Besuches
bei uns mit der Faust gegen das Fenster schlug und laut
rief: «Aufmachen, Polizei!»

Während wir beide am Grab standen, tauchte ein Foto-
graf hinter einem anderen Grabstein auf, auf den er seine
Kamera stützte – und plötzlich ging rundumher das Ge-
knatter vieler Kameras los. Ich erschrak dermaßen, dass
ich um Haaresbreite in Wilfrids Grab gefallen wäre.

FREIHEIT
AUF ZEIT

F ast zwei Jahre war mein Vater nach seiner Untersuchungshaft auf freiem Fuß. Es war eine geliehene Portion Freiheit, das ahnten wir alle, denn waren erst einmal alle rechtlichen Mittel gegen das Urteil erfolglos ausgeschöpft, dann drohte zwangsläufig die Verbüßung der Reststrafe. Und so kam es dann auch. Am 4. August 1986 musste er erneut den Weg ins Gefängnis antreten. Zufällig geschah das in einem Klima höchster Angespanntheit, was den Sicherheitsapparat und die Hamburger Politik betraf.

Sechs Tage zuvor, am 29. Juli 1986, hatte es in der Hansestadt jenen schwerwiegenden Vorfall gegeben, der Kriminalgeschichte geschrieben hat – und bis heute Entsetzen auslöst. Verantwortlich dafür war die neue Generation von Kiez-Kriminellen, die an Skrupellosigkeit und Brutalität Wilfrid Schulz und meinen Vater weit übertrafen. Es war einer der Tiefpunkte in dem bereits erwähnten Zuhälterkrieg auf St. Pauli zwischen GMBH, Nutella- und Chicago-Bande. Ein unscheinbarer, aufstrebender Lude namens «Wiener-Peter» Nusser hatte den Auftragskiller Werner «Mucki» Pinzner engagiert, der innerhalb weniger Jahre mindestens sechs, vermutlich aber elf Menschen umlegte, bis er der Polizei in die Fänge ging. Am jenem 29. Juli 1986, während der letzten mit ihm geplanten Vernehmung im Polizeipräsidium am Berliner Tor vor dem geplanten Prozessabschluss, erschoss Pinzner mit einer von seiner Anwältin eingeschmuggelten Pistole den Staatsanwalt Wolfgang Bistry, die eigene Frau und am Ende sich selbst. Das löste ein Erdbeben in der Hamburger Politik aus, der Justizskandal fegte zwei Hamburger Senatoren hinweg und sorgte für das vorläufige Ende der sozialdemokratischen Dominanz in der Stadt. Fragile politische Verhältnisse waren die Folge.

Vor diesem Hintergrund hatte sich mein Vater zum Antritt der Reststrafe zu melden, eine Revision des Urteils war gescheitert. Der Zeitpunkt hatte mit den Pinzner-Schüssen nichts zu tun, versicherte mir jüngst Rüdiger Bagger, der damalige Oberstaatsanwalt, der kurze Zeit später Sprecher der Staatsanwaltschaft wurde. Klar ist aber auch, dass gerade zu dieser Zeit die Justiz- und die Innenbehörde enorm unter Druck standen. Ein in Erwartung seines Strafantritts untergetauchter «Kiez-Krimineller» wie mein Vater hätte das Gefühl chaotischer Verhältnisse in der Hansestadt bis zur Unerträglichkeit gesteigert. Also trat mein Vater schweren Herzens diese Reise in die «Justizvollzugsanstalt Suhrenkamp» an, im Volksmund nach dem Hamburger Stadtteil Fuhlsbüttel «Santa Fu» genannt.

Doch die Zeit seiner Abwesenheit war überschaubar. Bereits am 4. März 1987 wurde mein Vater vorzeitig entlassen, die Reststrafe war ihm erlassen worden.

Bei vielen Menschen bewirken Gefängnisstrafen eine Verhärtung, den endgültigen sozialen Abstieg und das Abgleiten ins kriminelle Milieu. Nicht so bei meinem Vater. Hier hatte der oft in Frage gestellte erzieherische Ansatz der Strafe tatsächlich etwas bewirkt: Er kam als ein anderer Mensch aus dem Gefängnis. Sein altes Leben wollte er endgültig nicht mehr. Aber er ahnte wohl nicht, wie schwer es einem ehemaligen Gangster fallen würde, ein geordnetes, normales Leben zu führen.

Mein «neuer» Vater fiel vor allem dadurch auf, dass er uns deutlich spüren ließ, wie sehr er sich uns gegenüber schuldig fühlte – und dass er für uns da sein wollte. «Was wünschst du dir denn zum Geburtstag?», fragte er mich Anfang Mai 1987. «Der 16. Geburtstag ist etwas ganz Besonderes», fügte er hinzu, «du bist jetzt alt genug.»

Wofür? Klar, ich durfte theoretisch endlich Bier trinken, Alkohol und Zigaretten kaufen, jedoch keinen «Branntwein oder branntweinhaltige Getränke», wie es etwas verquast hieß. Ich bekam einen Personalausweis, einen Pass – ach ja, und Sex war allmählich ein Thema. Aber ich wunderte mich schon über Papas Bemerkung, denn normalerweise hatte es bis dato zu jedem Geburtstag 500 DM gegeben. Und in unserem früheren Leben war denn auch vorhersehbar gewesen wie eine Beamtenbesoldung, was dann mit dem Geld geschah.

Ich ging dann Klamotten kaufen, das zelebrierte ich richtig. Ich nahm stets einen Freund mit, meistens Stefan, denn wir hatten denselben Geschmack. Wir fuhren mit der S-Bahn zum Jungfernstieg in die City. Der Tag begann mit einem Cappuccino im gleichnamigen Café in der Hamburger-Hof-Passage. Danach gingen wir in die Galeria ins Loft-Café, wo wir den nächsten Cappuccino tranken und ich mich schon einmal umsah, was so klamottenmäßig auf dem Markt war. In der Regel lief es auf eine neue Levi's im «Used-Look» hinaus, wie das damals hieß, heute würde man vielleicht Vintage dazu sagen. Die Hosen mit Rissen und Löchern kosteten etwa 100 DM, woraufhin mich mein Vater regelmäßig für verrückt erklärte. Stereotyp kam dann der Spruch: «100 Mark für kaputte Hosen, du musst ja nicht ganz dicht sein.» Ich erklärte ihm dann: «Papa, die Hosen kommen aus amerikanischen Gefängnissen und sind einfach cool.» Er dann immer: «Das ist ja noch bekloppter! Hosen aus dem Gefängnis müssten ja eigentlich besonders billig sein.» Und dann gab ich es auf, bis zum nächsten Shopping-Gespräch.

Dieses Mal fiel mir tatsächlich etwas ein, was einem 16. Geburtstag angemessen war und mit Geld nicht so viel zu tun hatte: «Zieh mit mir mal durch St. Pauli, so wie du das mit deinen Freunden machst», wünschte ich mir.

St. Pauli kannte ich natürlich wie die Hosentasche meiner Levi's «Used-Look», aber ich wollte das coole St. Pauli kennenlernen, das St. Pauli der Männer, der Erwachsenen, den bösen Ort, die geile Meile, von der Udo Lindenberg singt. Er schaute nicht glücklich drein, grummelte: «Hmm, das kannst du mich noch einmal fragen, wenn du 18 geworden bist.»

Hannes Gutschein

A m Morgen des 15. Mai gab es, das war bereits ein
Geburtstags-Ritual, ein schönes Frühstück mit meinen Eltern. Auf dem «Gabentisch» lag der Umschlag mit
den obligatorischen 500 DM. Danach ging Papa ins «Lütt
Döns» wie an jedem Tag. Gegen Mittag, es waren gerade
Hamburger Mai-Ferien, rief er mich zu Hause an. «Was
hast du denn heute noch vor?», fragte er. «Ich treffe mich
nachher mit Stefan, und dann fahren wir in die City
shoppen. Du weißt schon, Gefängnishosen und so ...» Er
sagte: «Ne, lass das mal nach, mach das ein anderes Mal.
Zieh dir was Ordentliches an und komm dann ins ‹Lütt
Döns›.»

Das klang nach Überraschung. Ich liebte Überraschun-
gen! Am frühen Nachmittag fuhr ich nach Othmarschen
in die Kneipe, in der mein Vater mit zwei Freunden bereits auf mich wartete. Man ließ mich hochleben, dann
wurde gefragt, was ich trinken wolle. «Eine Cola», sagte
ich bestimmt. Das kam nicht gut an. «Nö, Cola gebe ich
nicht aus, trink mal ein Bier», hieß es von einem der
Freunde.

Ich mag keinen Alkohol. Und obwohl ich heute Gastwirt bin, trinke ich eigentlich so gut wie gar nichts. Ich
fühle mich dabei manchmal wie ein Metzger, der Vege-
tarier ist.

An diesem Tag war ich aber kompromissbereit, und
wir einigten uns auf ein Alsterwasser. Es war mir unangenehm, vor meinem Vater am Alsterwasser zu nip-

pen. Auch weil es mir überhaupt nicht schmeckte und ich mich dazu eigentlich nur ihm zuliebe durchgerungen hatte. Er überspielte das. «Du wolltest doch mit mir einen Zug durch die Gemeinde machen, dann machen wir das heute, klar? Ich bestell schon mal eine Taxe», sagte er.

Wir stiegen in das Fahrzeug ein, erster Halt war das «Buttstädt» an der Rothenbaumchaussee. Der Laden war kurz zuvor von Werner Buttstädt, dem «Macher» der Aktuellen Schaubude, eröffnet worden, einer Show im NDR Abendfernsehen. Das war eine kleine Kneipe, in der viele Leute vom NDR sowie Filmschaffende anzutreffen waren. Nicht zuletzt war es eine der Stammkneipen des HSV, hier hatte die Mannschaft unter Manager Günter Netzer 1982 und 1983 die Meisterschaft gefeiert.

Kaum hatten wir die Tür geöffnet, flutete «Happy Birthday Baby» von Tony Christie durch den Raum – und der ganze Laden sang mit. Ich fühlte mich wie der Thronfolger am englischen Hof, aber natürlich war ich im ersten Moment damit komplett überfordert. Der Wirt und die Stammgäste begrüßten meinen Vater wie einen guten Freund und widmeten sich dann mir – für einen 16-Jährigen wurde mir ein Übermaß an Aufmerksamkeit zuteil.

Ich bestellte mir erst mal einen Kaffee. Das kam natürlich auch hier nicht so gut an, einer dieser Stammgäste sagte gleich: «Da musst du aber auch einen Cognac dazu trinken.» Sogar das brachte ich hinter mich. Allerdings nippte ich nur am Cognac, er schmeckte furchtbar. Ich nippte genau so oft, bis ich das Gefühl hatte, ich konnte den Rest guten Gewissens im Glas lassen, ohne dass es so aussähe, als hätte ich den Drink verschmäht.

Wir blieben nicht lange. Zu Fuß ging es nach gut einer Stunde rüber in den «Bierbrunnen», eine an der Rothenbaumchaussee Ende der 70er Jahre vom ehemaligen HSV-Profi Horst Blankenburg eröffnete Kneipe. Die ganze Gegend war ein einziger HSV-Hotspot, auf dem Sportplatz am Rothenbaum befand sich ja das alte HSV-Stadion, in dem noch bis 1989 gespielt wurde. Horst Blankenburg persönlich ließ mich im Bierbrunnen hochleben, es gab das übliche «Schnaps-Ritual», durch das ich mich wieder «nippend» (und heimlich würgend) rettete.

Wir blieben hier noch etwas kürzer, denn schon wartete die Taxe, die uns zum Hans-Albers-Platz brachte, zu Ringos «Chikago». Trotz des bereits geschilderten Niedergangs der etablierten Hamburger Zuhälterszene war der Laden immer noch das «Epizentrum» St. Paulis. Hier würde ich ein Heimspiel haben, so viel war klar. Wieder wurde «Happy Birthday» gespielt, doch jetzt die mir viel sympathischere Variante von Stevie Wonder, damals noch ganz frisch auf dem Markt.

Ringo war nicht da, er war verhindert, um es schmeichelhaft zu umschreiben. Ein halbes Jahr zuvor, Anfang Dezember 1986, war er seiner Verhaftung um Haaresbreite entgangen, indem er aus dem Obergeschoss des «Chikagos» über St. Paulis Dächermeer «davongeschwommen» war. Es ging wohl um Drogen. Ringo blieb unauffindbar. Erst viel später wurde bekannt, dass er sich nach Costa Rica abgesetzt hatte.

Doch auch ohne ihn war der Besuch im «Chikago» der

Höhepunkt dieses Tages – das Personal war geradezu beängstigend entschlossen darum bemüht, mich hochleben zu lassen. Mein Vater genoss hier im Laden denselben Stellenwert wie sein «Bruder» Ringo, also durfte man sich keinen Fehler erlauben. Der Laden füllte sich nun in Windeseile, als sich im Revier herumsprach, dass Dakota-Uwe anwesend sei. Der eine oder andere Geldschein wurde mir zugesteckt. Alles prostete mir zu.

«Kommen wir zum Höhepunkt», sagte mein Vater und führte mich aus dem «Chikago» über den Hans-Albers-Platz. Wir überquerten die Reeperbahn und hielten auf Hanne Kleines «Ritze» zu. «Wollen wir mal rübergehen?», fragte mein Vater. Ich hatte da so meine Befürchtungen, was jetzt käme, folgte ihm aber schweigend und ein bisschen ängstlich. Und wieder wurde Steve Wonders Version von «Happy Birthday» gespielt. Die Auswahl an coolen Geburtstags-Hits war damals noch recht überschaubar.

Die «Ritze», ein ehemaliges Pissoir, direkt am Eros-Center gelegen, ist noch heute die vermutlich bekannteste Kneipe auf dem Kiez. Bekannt allein durch ihren Eingang, die gespreizten Frauenbeine, gemalt von St. Paulis berühmtem Kunstmaler Erwin Ross. Anders als das «Chikago» ist die «Ritze» eben immer auch ein Laden für Touristen und Kiez-Besucher gewesen.

Fast genauso bekannt wie die «Ritze» war damals ihr Eigentümer, Hanne Kleine, der eigentlich Hans-Joachim hieß. Er galt als Ruhepol in diesem irren Kiez-Kosmos. Auch er stammte aus Ostdeutschland, war einst Mittelgewichtsboxer der DDR-Nationalmannschaft gewesen und ein gutmütiger Mensch. Im Rotlichtmilieu, in das auch er nach seiner Flucht 1967 eingestiegen war, kam er mit jedem bombig aus. Als sein Partner Günter Stumm, «Stummi» genannt, Anfang der 70er Jahre nach Costa Rica ausgewandert war, hatte Hanne die «Ritze» übernommen – er besaß wohl auch eine Etage im Großbordell «Palais d'Amour». Unter der «Ritze» ließ Hanne 1974 eine Tiefgarage als Boxkeller ausbauen, der noch heute existiert. Die Wände sind voll mit Bildern legendärer Boxer und nicht minder legendärer Kiez-Größen.

Die «Ritze» war eine durch schwere, dunkelrote Samtvorhänge geteilte Welt. Im vorderen Teil, wo auf Bildschirmen ununterbrochen Pornofilme mit so einprägsamen Titeln wie «Zwei Gurken im Schritt» flimmerten, saß das «ordinäre» Publikum: normale St.-Pauli-Besucher, Touristen, Fußballfans. Hier befand sich auch die Treppe hinunter zum Boxkeller. Den hinteren, durch die Vorhänge vor neugierigen Blicken verhangenen Teil des Gastraums hatte Hanne in sein «Wohnzimmer» verwandelt. Er hatte die Wände hinten mit zahlreichen Bildern zugepflastert, auch hier St.-Pauli-Legenden. In diesem Teil der «Ritze» hielten sich ausschließlich bekannte Gesichter aus dem Rotlichtmilieu auf, gelegentlich auch Prominente vom Film, aus dem Fernsehen oder von der Presse. Jeder auswärtige Lude, der sich für etwas Besseres hielt, machte es sich zur Pflicht, den hinteren Teil der «Ritze» aufzusuchen. War er dort willkommen, dann gehörte er zur Familie. Verirrte sich jemand unberechtigt in den hinteren Teil, so wurde er barsch nach vorn verwiesen.

Da die umliegenden Großbordelle keine Schankgenehmigung hatten, wurden sie von der «Ritze» mit Getränken versorgt. Pausenlos flitzten die Kellner über die Hinterhöfe.

Hanne und meinen Vater verband eine alte und tiefe Freundschaft. Wir standen also an meinem Geburtstag plötzlich im Kontakthof des Eros-Centers, jenes 1967 vom Immobilienmagnaten Willi Bartels im Beisein der Hamburger Lokalpolitik eröffneten Megapuffs, angeblich damals das größte Bordell der Welt. Wir standen in dieser riesigen Halle, in der Dutzende hübscher Mädchen in Dessous zugegen waren. Wo schaut man da als 16-Jähriger hin? Ich guckte zu meinem Vater und zu Hanne, denn die liefen sich laut unterhaltend durch die Schönheiten hindurch in den ersten Stock. Es fühlte sich an, als geschehe etwas mit mir, über das ich keine Kontrolle mehr hatte. Man schob mich zu etwas hin – und ich hatte gar keine Zeit, mir zu überlegen, ob ich das überhaupt wollte. Vor allem, ob ich wollte, dass mir das durch meinen Vater ermöglicht wurde. Ich hatte extrem weiche Knie, und das lag nicht mehr an den «weggenippten» Schnäpsen, die längst ausgeschwitzt waren.

Im Obergeschoss gab es eine Bar mit einer Fensterfront Richtung Kontakthof, wo die Mädchen standen. Hanne sorgte dafür, dass alle Anwesenden etwas zu trinken bekamen – mir wurde endlich eine Cola hingestellt.

Es kamen auch gleich zwei hübsche junge Frauen, die sich zu mir setzten und ein Gespräch anfingen. «Ach, du bist also das Geburtstagskind, was wünschst du dir denn?», fragte die brünette Endzwanzigerin. Ich bekam keinen Satz heraus, es war megapeinlich. «Du musst den Mädels mal was hinstellen», rief mir mein Vater zu, er meinte Champagner. «Nun stell schon mal 'ne Keule hin», schob er nach. Und da kam auch schon die Flasche.

Dann sagte Hanne auch noch: «Geh doch mal mit einer hoch.» Und mit halber Lautstärke: «Ich lade dich zum Ficken ein.» Doch da fiel ihm mein Vater ins Wort: «Bist du nicht ganz dicht? Der Junge ist gerade 16 geworden …»

Hanne versuchte zu beschwichtigen: «Nun reg dich nicht so auf, du hättest dich doch damals auch darüber gefreut.» Er flüsterte mir zu: «Das Geschenk bleibt als Versprechen bestehen, komm einfach irgendwann in die ‹Ritze› und hol es dir ab. Okay?»

Ich war froh, dass ich für heute erst mal Ruhe davon hatte, und versprach es umgehend. «Versprochen?», hakte er nochmals nach. «Ja, klar doch», beeilte ich mich zu sagen – und wollte eigentlich nur noch hier raus. Wir gingen wieder rüber in die «Ritze» – und nach ein paar weiteren Getränken fuhren wir mit der Taxe nach Hause.

… wird eingelöst

Kurze Zeit später erzählte ich meinem Freund Stefan davon. Er war der Einzige von meinen Freunden, der ein wenig mehr über meine Familie wusste. «Waaaas? Ein Gratis-Fick im Eros-Center?», wiederholte er mit vor Geilheit und Vorfreude bebender Stimme. «Da bin ich dabei, Alter», sagte er.

«Ohne mich», sagte ich, «du hast ja keine Ahnung, wie peinlich mir das war. Und außerdem will ich nicht, dass das dann umgehend wieder bei meinem Vater landet. Da kannst du ohne mich hingehen, grüß den Hanne schön von mir ...»

Getrieben von der Aussicht auf ein einmaliges Abenteuer, bearbeitete mich Stefan volle drei Monate lang: «Wann gehen wir endlich ins Eros-Center?» Wir waren damals oft auf der Reeperbahn. Es waren die 8oer Jahre, jeder wollte aussehen wie George Michael. Also besuchten wir vier- bis fünfmal in der Woche ein Sonnenstudio, das sich schräg gegenüber der «Ritze» im ersten Stock eines Wohn- und Geschäftshauses befand. «Sun Beach» hieß der Laden, wir galten schon als Stammgäste. Anschließend spielten wir oft noch in einer Bar in der Nähe Billard. «Los jetzt, lass uns rüber zu Hanne gehen», musste ich mir dann stets von Stefan anhören.

Irgendwann hatte er mich weichgeklopft. Es war Spätsommer, zwölf Wochen waren seit dem Geburtstagsbesuch bei Hanne vergangen. Und ich war bereit dafür, es konnte ja nicht ewig so weitergehen. Außerdem war es warm, die Mädchen auf den Straßen sahen krachend gut aus, es passte irgendwie. «Okay, lass uns rübergehen. Aber du kommst mit rauf aufs Zimmer!» Stefan sprühte vor Euphorie» «Ja, klar, das wird gigantisch», sagte er.

Von außen mit UV-Licht bestrahlt und von innen ordentlich mit Endorphinen geflutet, traten wir unseren Weg in die Welt der Männer an. Unterwegs überlegte ich mir aber eine Inszenierung, die mir auch später noch einen geordneten Rückzug möglich machte. «Wir gehen da jetzt rein und trinken erst mal eine Cola, okay? Dann überlege ich es mir noch mal.» Stefan war auch das egal, Hauptsache wir kamen dem «Freifick» näher und waren in Reichweite der Bräute.

Wir hatten uns cool in Schale geworfen: Mosquito-Boots, blaue Chevignon-Jacken, pinkfarbene Checker-Hemden. Wie Cowboys vor dem Duell, auf das alles die letzten Wochen zulief, gingen wir durch die Eingangstür der «Ritze», durch diese legendären Frauenbeine. Wir steuerten direkt den hinteren Bereich hinter dem Samtvorhang an – Hannes «Wohnzimmer» also, wo nur der Kiez-Adel geduldet wurde. Sascha stand am Tresen, damals Geschäftsführer, der mich kannte. «Zwei Cola bitte», sagte ich, das verschaffte mir erst mal Luft. «Schau mal», sagte Stefan und zeigte auf Fotos an der Wand, auf denen Hanne mit meinem Vater, Ringo Klemm und Wilfrid Schulz zu sehen war.

«Geh mal raus auf den Hof. Hanne sitzt dort mit ein paar anderen Jungs, ich denke, er freut sich, dich zu sehen», sagte Sascha. Es wurde also ernst; ich hatte ein bisschen gehofft, er sei vielleicht gar nicht da. Dann hätte ich immerhin den Willen gezeigt, das Geschenk einzulösen.

Stefan blieb in der «Ritze» bei seiner Cola sitzen. Kaum war ich auf dem Hof angekommen, schrie Hanne, in einer Gruppe Männer sitzend, laut auf und riss die Arme hoch: «Charly, mein Junge, das freut mich aber! Holst dir endlich dein Geburtstagsgeschenk ab, nicht?»

Ich hätte mal wieder im Boden versinken können, denn mutmaßlich ahnte jetzt der ganze Hof, worum es ging. Und ich hatte das blöde Gefühl, die Tür zum Notausgang fiel mit einem «Rumms» zu. Dann wendete er sich den anderen Typen zu: «Das ist vom Dakota der Sohn.» Da kam Bewegung in den Haufen, jeder hatte einen Spruch parat, wie dick er mit meinem Vater sei, Hände streckten sich mir entgegen, und Sprüche wurden gekloppt von der Art: «Du fängst ja früh an, dich im Revier umzusehen ...» Hanne unterbrach die Runde, indem er sagte: «Na, dann wollen wir mal rübergehen, deshalb bist du doch hier?»

Ich ging mit Hanne in die «Ritze» und stellte ihm meinen Freund Stefan vor. «Na», sagte Hanne, «du bist natürlich auch eingeladen!» Doch überraschenderweise war es jetzt der ewig drängelnde Stefan, der sich entspannt zurücklehnte und sagte: «Nein danke, ich bleib hier bei meiner Cola sitzen und schau mir die geilen Fotos an.» Für Hanne war die Sache damit erledigt: «Musst ja nicht ...»

Ich schaute ob dieses Verrats böse zu Stefan hinüber, doch der wich meinem strafenden Blick aus. Und dann ging ich mit Hanne rüber ins Eros-Center. Vor Aufregung vergaß ich schnell, wie sauer ich eigentlich auf Stefan war. Sobald wir im Kontakthof standen, in dessen Mitte ein Dach an eine Bushaltestelle oder Tankstelle erinnerte, klatschte Hanne in beide Hände.

Eben noch war es turbulent zugegangen, jetzt stellten sich die Frauen in einer Reihe auf. «So, jetzt such dir mal eine aus», sagte Hanne. Und zu den Mädchen gewandt, tuschelte er: «Gebt euch Mühe und seid lieb zu ihm, er hatte nämlich seinen 16. Geburtstag.» Vielleicht habe ich mir das auch nur eingebildet, um dieser surrealen Situation wenigstens etwas von dem zwischenmenschlichen Spiel einzuhauchen, das ich mir beim ersten Mal so vorstellte – jedenfalls schienen sich die Mädchen darum zu reißen, mit mir hinaufzugehen. Mit Hanne an meiner Seite schritt ich die Reihe wie bei einem Staatsempfang ab. Jede der Damen sagte mir brav ihren Namen und hauchte mir dann ermutigende Komplimente zu: «Du bist aber süß ...» Das alles war natürlich der Gipfel der Peinlichkeit, aber ich hatte den letzten Ausgang verpasst und musste das jetzt zu Ende bringen – irgendwie!

Noch ehe wir die Hälfte der «Ehrenformation» abgeschritten hatten, entschied ich mich für ein Mädchen mit brünetten Haaren, das sehr jung aussah, das lange Haar offen trug und in weißen Hotpants und schwarzen, überknielangen Lackstiefeln dastand.

«Da freue ich mich aber», sagte sie, «übrigens heiße ich Michaela.» Sie reichte mir die Hand, die ich schüchtern ergriff. Händchenhaltend liefen wir in den zweiten Stock, ich setzte mich auf das Bett im Zimmer – in meiner Erinnerung gab es dort außer Spiegeln und schummrigem Licht kein Inventar.

«Ich habe Krankenschwester gelernt», erzählte Michaela, «aber die Arbeit hat mir nicht gefallen.» Dann sagte sie: «So, jetzt gehen wir beide erst mal duschen.» Das war irgendwie auch nötig, was mich betraf zumindest, denn mein Checker-Hemd war ordentlich durchgeschwitzt. Und das lag nicht allein an den hochsommerlichen Temperaturen.

Es hat nicht einmal eine Stunde gedauert, da stand ich schon wieder in der «Ritze». Stefan saß lachend am Tresen und hielt sich noch immer an seiner Cola fest. «Wie war es, komm schon, rück raus damit ...» Ich pöbelte ihn an: «Du Penner hast mich schön auflaufen lassen. Das war soo nicht abgemacht!» In Wahrheit war ich erleichtert, es hinter mich gebracht zu haben. Hanne kam auch gleich ums Eck und sagte: «Jetzt rufst du deinen Vater an und sagst genau diese Worte – fein aufpassen: ‹Gold gab ich für Eisen.› Dann legst du sofort wieder auf.»

Ich verstand das nicht so ganz, aber Hanne vertraute ich einfach. Also machte ich es so, rief ihn vom Apparat auf dem Tresen der «Ritze» aus an.

Kaum hatte ich wieder aufgelegt, klingelte das Telefon. Selbst aus der Distanz hörte ich, dass mein Vater aufgebracht mit Hanne stritt. Der wiederum beschwichtigte nur: «Ach Uwe, hör doch auf, ich hab es Charly ja geschenkt, so schlimm ist das doch nicht.»

Ein paar Monate später konnte mein Vater dann auch darüber lachen. «Gold gab ich für Eisen» resultiert daraus, weil Hanne und mein Vater in jungen Jahren als Zeichen ihrer Freundschaft miteinander eine Edelstahluhr gegen eine goldene getauscht haben – die ich heute noch habe.

CHARLY
GEHT EIGENE
WEGE

Gemessen an meinem Vater, war ich ein Waisenknabe. Ich habe nicht gekifft, so gut wie nie getrunken, bis heute mag ich keinen Alkohol; ich war nie ein Rebell, kein Schläger, kein Blender. Wie fast alle gleichaltrigen Jungen im Hamburger Westen fing ich irgendwann an, Hockey zu spielen, doch dieses gebückte Hinter-dem-Ball-Herlaufen nervte mich dann auch bald. Dann spielte ich Tischtennis beim SV Blankenese, wechselte später in die Fußballabteilung des Vereins, bis ich es dort, wie schon beschrieben, nicht mehr aushielt.

Auch Reitsport habe ich probiert. Am längsten aktiv war ich in einem Sportverein in Nienstedten, der hieß Juka Dojo und hatte den Kampfsport Taekwondo im Angebot. Bruce Lee hatte Maßstäbe gesetzt, Kampfsport war in den 80er Jahren unheimlich angesagt, deshalb blieb ich auch fast fünf Jahre dabei. Das gab mir Selbstvertrauen, ich konnte ja nicht immer auf die Unterstützung von Papa Spencer vertrauen.

Ich besuchte nach der zweijährigen Beobachtungsstufe die Gesamtschule Blankenese. Das war eine Mischform der damals in Hamburg üblichen Schultypen Gymnasium und Realschule. «Fernziel» war das Abitur am Ende des 13. Schuljahrs, doch ich musste die 9. Klasse wiederholen und beendete dann auf Anraten meines Vaters nach der 9. Klasse meine schulische Laufbahn mit einem Hauptschulabschluss.

Ich fing eine Lehre als Koch im Landhaus Dill an, einem heute nicht mehr existierenden Sternerestaurant, das damals einen legendären Ruf genoss, gelegen an der noblen Elbchaussee in Blankenese. Natürlich hatte mein Vater den Kontakt hergestellt. Ich war froh, endlich im Leben etwas Sinnvolles zu machen. Ich hatte bereits mein Schülerpraktikum am Ende der 9. Klasse im Landhaus Dill bestritten und war begeistert. Doch inzwischen hatte der Küchenchef gewechselt, und in der Küche herrschte jetzt ein rüder Ton. Als ich mich am ersten Tag vorstellte, herrschte der Küchenchef mich statt eines Grußes sofort an: «Wo ist dein Halstuch?» Als Strafe musste ich umgehend den Kühlraum sauber machen. Es ging zu wie in dem Animationsfilm «Ratatouille», der cholerische Küchenchef herrschte wie ein Diktator.

Am besten verstand ich mich mit der Küchenhilfe Gordon, einem Afrikaner. Als es Personalessen gab und Gordon mit seinem Teller an unserem Tisch vorbeilief, freute ich mich und rief ihm zu: «He, hier neben mir ist Platz!» Da fuhr der Küchenchef dazwischen und bellte: «Mit denen essen wir nicht an einem Tisch!» Ich war unter die Rassisten geraten – und hielt dennoch zwei Jahre lang durch. Ich zog mich sehr zurück und setzte mich dann stets beim Essen zu Gordon ins Magazin, wo ich mich ohnehin viel wohler fühlte.

Mein Vater spürte, dass ich litt, und sorgte dafür, dass ich den Lehrbetrieb wechselte. Im dritten Lehrjahr wechselte ich ins legendäre Fischereihafen-Restaurant der Familie Kowalke, es war das Paradies – gemessen am Landhaus Dill.

Sobald ich meine Kochklamotten an den Nagel hängte, war ich ein Popper. Einer von dieser hochglanzpolierten «Avantgarde der Angepassten», wie das die ZEIT einmal nannte und die wohl sogar vom Hamburger Westen aus ihren Siegeszug durch die ganze Bundesrepublik angetreten hatte. Punks waren Loser, waren Müll, zu kurz gekommene Stressmacher, Lebensverneiner. Wir fanden den Sinn des Lebens darin, im Mosquito-Shop in den Colonnaden in der City die neuesten Boots zu kaufen, wahlweise auch College-Schuhe. Dazu trugen wir Closed Jeans und Bomberjacke und natürlich das ultimative pinkfarbene Hemd von Kerner aus der Waitzstraße.

Wir trieben uns im «Bronx» in Rissen herum, einer großen Diskothek, im «Café Mellow» oder in der Kneipe «Zur Linde» in Blankenese, im «Piktogramm» in Othmarschen oder im Café «Knips» im Bahnhof Klein Flottbek.

Dieses Kaschmir-Gewese war nicht einmal aufgesetzt, die Eltern meiner Freunde waren wirklich wohlhabend. Man fuhr das Wochenende über nach Sylt und schrottete im Sektrausch – Champagner war noch nicht so verbreitet – die Nobelkarosse der Eltern. Oder brach beim Optiker ein, um sich mit Ray-Ban-Sonnenbrillen zu versorgen, obwohl man es eigentlich gar nicht nötig hatte. Denn zumindest an Geld bestand kein Mangel, eher an sinnstiftenden Impulsen im Leben.

Das alles spielte sich im Freundeskreis ab, ich selbst habe mich aus solchen Touren meist rausgehalten. Vielleicht lag es ja wirklich daran, dass mein Vater mir vorlebte, wie es sich anfühlt, im «Trüben zu fischen».

Es gab aber Ausnahmen. Der mutmaßlich dreisteste, tollkühnste Spaß, an dem ich beteiligt war, rief sogar die Hamburger Polizei auf den Plan. Irgendwann, als ich mit meinen Freunden mit der S-Bahn in Richtung Altona fuhr, haben wir herausgefunden, dass sich in den S-Bahn-Waggons die leeren Führerhäuschen, die jeder Wagen hatte, leicht öffnen ließen. Und in diesen Führerhäuschen konnte man die Freisprechanlage des ganzen Zuges bedienen, obendrein das Licht im Zug aus- und anschalten. Wir kaperten also eines dieser Führerhäuschen und aktivierten die Freisprechanlage und rappten ins Mikro: «I said a hip hop, the hippie to the hippie, the hip hip a hop, and you don't stop, a rock it to the bang bang boogie, say up jump the boogie, to the rhythm of the boogie, the beat.»

Das war «Rapper's Delight» von der legendären «Sugarhill Gang». Dazu knipste einer meiner Freunde das Licht im ganzen Zug rhythmisch aus und an. Die S-Bahn verwandelte sich für kurze Zeit in eine rollende Variante unserer Lieblingsdisco «Bronx». Das schafften wir sogar mehrere Male, selbst die Mopo, die *Hamburger Morgenpost*, berichtete damals darüber.

Bis irgendwann in Altona die Polizei zustieg – wir hatten aber unser kleines Konzert schon beendet und saßen ganz friedlich im Abteil. Die Beamten fragten eine Rentnerin, ob sie gesehen hätte, welche Jugendlichen das gemacht hätten. «Ja», sagte die alte Frau, «die sind eben in Altona ausgestiegen.» Die Polizisten verließen den Zug. Uns zwinkerte die alte Frau zu und sagte: «Das war schön, Jungs, könnt ihr das noch mal machen?»

Ich wurde auch selten in Schlägereien verwickelt. Zum einen hatte sich vielleicht herumgesprochen, dass ich in meiner Freizeit Kampfsport betrieb. Andererseits gingen wir Stress gezielt aus dem Weg. Was sich allerdings einmal nicht verhindern ließ. Auf dem Bahnhof Blankenese, ich kam aus der S-Bahn und hatte meine Sporttasche dabei, stand eine Gruppe Borner Prolls und versperrte mir den Weg. «Was hast du denn in deiner Tasche, he?», wurde ich von einem Gleichaltrigen im Jogginganzug angezeckt. Vielleicht dachten sie, sie hätten leichtes Spiel mit einem dieser verweichlichten Popper aus den Elbvororten. Was soll ich sagen, ich vermöbelte das Großmaul, zumal mir meine Freunde zu Hilfe kamen und mir die anderen vom Leib hielten. Wir mischten die ganze Gruppe auf.

USA oder Othmarschen?

Es war im Frühsommer 1987, kurz zuvor war er aus dem Gefängnis entlassen worden, da überraschte uns mein Vater mit einem Vorschlag: «Was haltet ihr davon, in die USA zu ziehen, nach Las Vegas? Hier in Deutschland wird es schwer für mich, geschäftlich erfolgreich zu sein. Obendrein ist es ein mühsames Geschäft als Kneipenwirt ... Ich habe von Freunden aus Las Vegas ein Angebot bekommen, wir hätten dort ein Haus, ich hätte ein sicheres Einkommen, über uns würde die Sonne Nevadas scheinen, die nie müde wird.»

Mama warf gleich aufgeregt ein: «Du hast versprochen, nur noch legale Geschäfte zu machen. Vergiss das nicht!» «Ich habe es versprochen, und das meine ich auch so! Ich hätte dort einen legalen Job im Hotelgewerbe, würde mich um VIP-Gäste kümmern, alles ordentlich angemeldet und versteuert», warf er daraufhin mit Unschuldsmiene ein.

Was war geschehen? Seine Freunde und Partner von der ehrenwerten Gesellschaft hatten ihm hoch angerechnet, dass er in seinem Prozess niemanden preisgegeben hatte. Unvergessen war auch sein Engagement für Mafiosi, die in Hamburg unterkommen mussten und sogar bei uns wohnten. Sozusagen «für sein Lebenswerk» hatte er sich deshalb einen Altersruhesitz in Vegas verdient. Inklusive einer legalen Anstellung in einem der großen Hotels, von denen viele zwielichtigen Gestalten gehörten.

Ich konnte die folgenden Tage kaum schlafen, weil mich der Gedanke erschreckte, aus meiner geliebten Umgebung herausgerissen zu werden. Und auch Mama war es bei dem Gedanken nicht wohl: Sie sprach kein Englisch, hatte dort keine Freunde und verband Las Vegas eigentlich nur mit zwei Klischees: Hitze und Gangster. Unser beider Nein muss ziemlich überzeugend auf Papa gewirkt haben. Am Ende sagte er ab.

Stattdessen investierte er in sein Othmarscher «Imperium». Anfang 1989 kaufte mein Vater einen Imbiss gegenüber dem «Lütt Döns» am Bahnhof Othmarschen, dazu kam später auf dem Bahnsteig ein weiterer Imbiss, um den sich fortan meine Mutter kümmerte. Ein dritter Imbiss wurde im Eingangsbereich des Bahnhofs gebaut. Ich glaube, mein Vater war von dem nagenden Wahn befallen, mir etwas hinterlassen zu müssen – etwas Großes, das uns dauerhaft ernähren würde und auf seinen Leistungen basierte. In unmittelbarer Nähe seines «Imperiums» hatte er zudem ein Büro gemietet.

Nach Ende meiner Ausbildung habe ich im Fischereihafen-Restaurant noch eine Weile als Koch gearbeitet. Danachgab ich dem Drängen meines Vaters nach und übernahm 1994 das Bistro im Eingangsbereich des Bahnhofs, «Lütt Schnack» genannt. Und als hätte ich es geahnt, kam es schon bald zum Konflikt und anschließend zum Bruch mit meinem Vater. Ich wollte ein etwas moderneres Bistro daraus machen, mit belegten Brötchen, Donuts und Croissants, was aufgrund der vielen umliegenden Geschäfte und des stets gedrängten Laufpublikums auch gut ankam. Mein Vater sicherte mir zunächst zu, ich hätte völlige Freiheit – doch dann kam er eines Tages vormittags vorbei und fragte: «Wieso verkaufst du kein Schaschlik und keine Currywurst?» – «Weil dann die Leute keinen Appetit auf Lachs- oder Krabbenbrötchen mehr haben», antwortete ich. «Komm schon, die Leute wollen was Richtiges essen», intervenierte er. Und setzte sich damit durch.

Alsbald umspielte bereits morgens ein aus dem Imbiss aufsteigender Fritteusengeruch den Bahnhofseingang, meine Brötchen blieben liegen. Ein Jahr nach der Eröffnung warf ich 1995 hin.

Da führte ich bereits längere Zeit ein gewisses Eigenleben. Das hing vor allem mit einem Mädchen zusammen, welches ich 1993 kennenlernte. Mit Freunden ging ich damals oft ins Café «Knips» im S-Bahnhof Groß Flottbek. Ja, ich weiß, irgendwie spielt sich alles bei mir im Dunstkreis von S-Bahnhöfen ab: Schlägerei im S-Bahnhof Blankenese, meines Vaters «Imperium» rund um den S-Bahnhof Othmarschen. Und dann das Café «Knips», unser Treffpunkt, im S-Bahnhof Groß Flottbek. Abseits dieser Linie passierte im Hamburger Westen eben nicht viel.

Es gab da eine Mädchenclique, Nicole, Inga, Nina, Micaela und Karina, mit denen wir quatschten, uns verabredeten, alles ohne Plan dahinter. Es war die Zeit, bevor mein Vater den neuen Imbiss hatte, ich stand damals oft im «Lütt Döns» hinterm Tresen und schmiss den Laden. Die normale Kundschaft, das waren eigentlich Männer, oft HSV-Fans. Dann tauchten da plötzlich immer diese Mädchen auf. Mal war es Nina mit Karina, mal Micaela mit Karina, meistens Nicole und Karina. Sie blieben lange sitzen und verkürzten mir dadurch die mitunter als öde empfundenen Schichten, denn, wie gesagt, die Gäste waren meist älter als ich. Irgendwann fiel es einer der Bedienungen auf: «Sag mal, Charly, merkst du nicht, dass Karina ein Auge auf dich geworfen hat?» – «Ach, wirklich?», fragte ich zurück.

Ich hatte es tatsächlich nicht gemerkt, obwohl mir Karina gut gefiel. Ihre Freundin Nicole war es schließlich, die die Initiative übernahm: «Lass uns drei noch was unternehmen, wenn du hier fertig bist», sagte sie im bestimmten Ton. Ich willigte ein. Und schon saß ich neben

Karina auf der Rückbank in Nicoles klappriger Ente, und wir zuckelten Richtung Elbe. An diesem Sommerabend 1993 wurden Karina und ich ein Paar – wir sind es bis zum heutigen Tag.

Karina ist ein Othmarscher Kind, die Tochter eines angesehenen Handwerksunternehmers und im gleichen Alter wie ich. Als ich mich dann mit meinem Vater zerstritt und aus dem «Lütt Schnack» ausschied, zog ich bei Karina in ihre kleine Wohnung am Landpflegeheim in Osdorf ein.

UNGEWISSHEIT

Das hätte ein versöhnliches Ende sein können: Nach kriminellen Irrungen und verbüßter Strafe fand mein Vater endlich all das, was er stets gesucht hatte – Erfolg, Wohlstand und Anerkennung.

Doch nein, das war ihm leider nicht vergönnt. Denn in Wahrheit war er kein guter, solide wirtschaftender Unternehmer. Seine Pläne und die immer neuen Investitionen rund um den S-Bahnhof Othmarschen brachen ihm auf lange Sicht finanziell das Genick.

Er lebte auf großem Fuß und war freigiebig zu Angestellten, engagierte sich sozial und sah großzügig darüber hinweg, wenn er übers Ohr gehauen wurde. Mein Vater liebte die großen Auftritte, umgeben von wahren oder gefühlten Freunden aus der Prominentenszene. Mit Uwe Seeler und Max Lorenz organisierte er jedes Jahr in der Vorweihnachtszeit im «Lütt Döns» ein großes Eisbeinessen. Das eingenommene Geld bekamen ein Flüchtlingsheim oder andere soziale Einrichtungen. Vor einem der Heime hatten Nazis Mitte der 90er Jahre, während die Kriege im ehemaligen Jugoslawien Menschen nach Deutschland flüchten ließen, den einzigen Bus verbrannt.

Das Charity-Trio sammelte Geld für einen neuen, Vaters Freundschaft mit dem Verkaufsdirektor einer Hamburger Niederlassung von Mercedes-Benz erleichterte das Vorhaben. Fortan gab es jedes Jahr ein Charity-Eisbeinessen.

Doch im weiteren Verlauf der 90er Jahre vollzog sich mit meinem Vater ein Wandel. Er wurde zunehmend melancholisch, in sich gekehrt, dann depressiv. Das änderte sich auch nicht, nachdem wir uns 1996 wieder ausgesöhnt hatten und ich auf Dauer im «Lütt Döns» einstieg, um am Tresen zu arbeiten. Euphorische Momente wechselten sich mit Perioden tiefster Niedergeschlagenheit ab. Diabetes wurde bei ihm diagnostiziert. Zudem erlitt er 1997 einen Herzinfarkt, der zunächst nicht erkannt wurde. Der Hausarzt stellte es später fest.

Deutlichstes Zeichen, dass mit ihm etwas nicht stimmte, war die Tatsache, dass er immer seltener in sein geliebtes «Lütt Döns» kam. Erst blieb er tageweise weg, was allein schon ungewöhnlich war. Dann kam er mal drei Tage am Stück nicht. Früher hatte er mich an den seltenen Tagen seiner Abwesenheit fünf Mal angerufen, jetzt gab es zwischen uns gar keine Kommunikation mehr. Rief er dann doch einmal an und fragte ich ihn, «Was'n los?», kam von ihm nur ein ganz allgemeines «Alles gut, du kriegst das schon hin ...». Was vielleicht unausgesprochen auch bedeuten sollte: «Was soll ich denn bei euch im Laden, läuft ja auch so.»

Um plötzlich, nach Tagen, total überschwänglich wieder im Laden aufzutauchen, fast schon penetrant gute Laune zu verbreiten und Zukunftspläne zu schmieden.

Und dann tauchten plötzlich auch wieder alte Freunde

auf, man plante mal wieder «ein großes Casino-Ding». Sogar ich redete ihm damals beinahe resignierend zu: «Dann mach es doch.» Weil ich tatsächlich dachte, das würde ihm vielleicht helfen. Müde winkte mein Vater ab: «Nicht mit mir.» Ich war froh darüber, dass er offenbar nicht am «legalen Leben» krankte. Tatsächlich las ich später in der Zeitung, dass es wieder zu einer großen Manipulation in norddeutschen Casinos gekommen war.

An einem Tag Ende Juni 1998 lehnte er an einem dieser zu Stehtischen umgearbeiteten Fässer vor dem «Lütt Döns», es war ein heiterer Frühsommermorgen. Er sah zum Herzerweichen schlecht aus. «Fahr doch nach Hause, ich mach das hier schon», sagte ich zu ihm.

Doch er ging noch nicht sofort. Ich hörte ihn, während ich arbeitete, mit einem Gast sprechen. «Wenn ich mal nicht mehr bin, hast 'n Auge auf meinen Sohn, ne?» Der andere nickte ihm wohlmeinend zu. Dann verschwand mein Vater mit seinem Mercedes-Geländewagen. Ich sollte ihn nie wiedersehen.

Wenige Tage später, am 1. Juli, rief mich meine Mutter an. «Papa ist verschwunden, ich habe einen Abschiedsbrief gefunden», presste sie weinend hervor. Sie meldete ihn bei der Polizei als vermisst.

Die Ungewissheit über sein Schicksal sollte uns fast zwei Tage lähmen, bevor mich im «Lütt Döns» am Nachmittag des 2. Juli ein Anruf der Kripo erreichte: «Sind Sie Herr Carstens?» Noch ehe ich «Ja» sagen konnte, wusste ich, was nun folgen würde. «Ich muss Ihnen leider die traurige Mitteilung machen, Ihr Vater hat sich erschossen.»

Später, als ich bereits bei Mama war, rief der Polizist nochmals an: «Ihr Vater hatte eine Waffe, können Sie mir sagen, woher er die hatte?» Darüber war ich etwas fassungslos, denn das war die Frage, die mich an diesem Tag am wenigsten bewegte.

Was war an jenen Tagen der Ungewissheit geschehen? Er war wohl in der Nacht vom 30. Juni auf den 1. Juli auf ein Feld bei Borstel-Hohenrade gefahren, gut 18 Kilometer nördlich von Blankenese im Landkreis Pinneberg gelegen. Er hatte ein Diktiergerät dabei, sprach ein paar allgemeine Dinge hinein, die für jene bestimmt waren, die ihn finden würden: «Ich habe mir eine Pistole besorgt. Den ersten und einzigen Schuss werde ich auf mich selbst abgeben. Ich übernehme für alles die Verantwortung ...» Für mich und meine Mutter war diese Sprachnachricht nicht bestimmt. Uns hatte er einen Abschiedsbrief hinterlassen, dessen Inhalt ich aber für uns behalten möchte.

Bauern fanden ihn am Vormittag des 2. Juli. Eine Woche später hatte ich die traurige Aufgabe, seinen Wagen dort abzuholen. Ich ging davon aus, dass die Polizei alle Spuren gesichert und das Auto gründlich untersucht hatte. Auf dem Beifahrersitz jedoch fand ich neben einer Tüte Chips auch eine längliche, zylindrische Dose für Vitamin-Brausetabletten, gefüllt mit 9-mm-Munition für eine Pistole. Zurück in Hamburg, fuhr ich an einem Polizeirevier vorbei und gab die Munition ab. Der diensthabende Beamte, der mich aufgrund der Ereignisse längst kannte, nahm mir das Röhrchen ab, sagte: «Ich müsste das jetzt alles streng protokollieren, was ein irrsinniger

Aufwand wäre. Lass uns damit einfach kurzen Prozess machen und es in den Müll werfen – aber zu niemandem ein Sterbenswörtchen darüber, okay?» Ich willigte ein, und er warf die Munition in den Müll.

Es waren Tage, durch die ich eher taumelte, als dass ich sie bewusst erlebte. Wieder hatte ich einen geliebten Menschen durch Suizid verloren, wie zuvor meine Pateneltern Anne und Benito. Hamburgs Amüsierbetrieb – jetzt lernte ich seine dunkle, traurige Seite kennen. Vaters Beerdigung übertraf, gemessen an Anzahl der Trauergäste und Aufwand, sogar jene seines großen Mentors und Bruders Wilfrid Schulz, der sechs Jahre zuvor verschieden war. Die ganze Halbwelt lief auf – ebenso die Prominentenszene aus Showbiz, Sport und Medien. Nur Ringo war abermals «verhindert». Nach seiner spektakulären Flucht vor der geplanten Verhaftung Ende 1986 war er Anfang der 90er Jahre von seinem «Exilland» Costa Rica doch ausgeliefert und 1993 wegen Kokainhandels zu sechs Jahren Gefängnis verurteilt worden, die er in «Santa Fu» absaß.

Wie jetzt weiter? Irgendwie funktionieren. Ich musste lernen, auf eigenen Beinen zu stehen. Mein großer, omnipräsenter «Bud-Spencer-Papa» hatte mich allein zurückgelassen. Von da an gab es nur noch mich und Karina, die mir in diesen Tagen Halt gab.

Und ein Vermächtnis mit Namen «Lütt Döns», der Traum von einem bürgerlichen Leben ohne Reue.

STATT EINES SCHLUSSWORTS: FRANZ, BARBIER AUF ST. PAULI

Ein lichtarmer Dezembervormittag auf St. Pauli. Hamburgs Amüsiermeile scheint wie ausgestorben. Auch weil ein Virus seit Monaten das öffentliche Leben weitgehend lähmt. Geradezu widerspenstig leuchtet in der Davidstraße 23 ein Ladenschild gegen diese graue Tristesse an – mit gelber Schrift auf giftgrünem Hintergrund. «Herren-Friseur», ist da zu lesen, «Salon Harry». Und für jene, die es jetzt immer noch nicht wissen, steht noch einmal auf der grünen Markise gleich über der nur 2,30 Meter breiten Ladenfront: Spezial Herren-Friseur. Auf St. Pauli mag man es gern eindeutig.

Vor dem Laden steht Franz und begrüßt mich wie ein Familienmitglied. Das bin ich auch irgendwie, denn Franz Stenzel schneidet mir seit 40 Jahren die Haare. Er hat auch die Haare meines Vaters geschnitten. Und er schneidet die Haare meines 20-jährigen Sohnes Niklas. Franz ist damit eine der so raren Konstanten im Leben dreier Carstens-Generationen. Der in Danzig geborene Franz Stenzel, 75, schneidet seit 1976 im «Salon Harry» die Haare seiner männlichen Kundschaft. Den Friseurladen gibt es seit 1906, Franz ist seitdem erst der vierte

Besitzer. 1988 übernahm er das Geschäft mit der Teak-holzvertäfelung vom Vorbesitzer und Namenspaten Harry Wolter. Heute führt er es zusammen mit seiner 20 Jahre jüngeren Lebensgefährtin Ute. Stets wenn ich zu Franz und Ute komme, scheint mein Vater auf einem der freien Friseurstühle zu sitzen. Die Gespräche drehen sich dann um das Damals. Weil uns das St. Pauli von heute fremd geworden ist, das verbindet uns.

«Dakota wollte immer, dass ich ihm im Keller die Haare schneide», sagt Franz, während er mir mit dem Rasiermesser den Nacken ausschabt. «Dakota sagte: ‹Ich will die Arschlöcher da drüben nicht sehen›», fährt er fort. Mit «da drüben» meinte Franz die Polizisten von der Davidwache, dem berühmten Hamburger Polizeikommissariat 15. Der Blick von innen durchs Schaufenster des «Salon Harry» verfängt sich direkt am roten Klinkerbau.

«Ob Gangster, ob Polizisten, ob Schauspieler oder Fußballprofi – ich habe allen die Haare geschnitten und kam mit allen gleich gut aus», beeilt sich Franz zu sagen, um so klarzustellen, dass er selbst die da drüben nie als «Arschlöcher» bezeichnen würde.

«Ne, manche Polizisten haben wir hier nicht so gern gesehen, die wollten uns ausfragen», wirft da Ute ein, die gerade keinen Kunden hat, weil die Pandemie die Kundschaft vertreibt. «Wenn der Rotfuchs und der Schnelle kamen, ging es zumeist weniger ums Haareschneiden, dafür zu oft um die Kunden», womit Ute zwei damals legendäre Zivilpolizisten meint. Aber in der Regel saßen sie im «Salon Harry» alle einträchtig nebeneinander – die Luden von der GMBH und der Nutella-Bande, der

Streifenpolizist, der Koksdealer, der Immobilienhai und so mancher Promi der alten Bundesrepublik. Mochte da draußen auf dem Kiez Krieg herrschen – hier im «Salon Harry» ging es um das, was alle, besser fast alle Menschen haben, ob gut oder böse, arm oder reich: Haare.

Gern zählt Franz auf, wer hier schon nach der obligatorischen Nackenmassage seinen Hintern aus den antik anmutenden Barbiersesseln schob: Freddy Quinn, Uwe Seeler, Horst Jansson, die Schauspielerin Hildegard Krekel, Corny Littmann, Ludwig Rielandt, der legendäre Leiter der Davidwache, der ‹Beatles-Entdecker› Horst Fascher vom Star-Club und viele mehr.

Fascher hat im Keller sogar einen Barbierstuhl signiert. Weil «seinen» Beatles hier im «Salon Harry» damals die berühmte Pilzfrisur geschnitten wurde. Das heißt, Fascher zerrte die Beatles in den Salon, weil die Fotografin Astrid Kirchherr in einer Suffnacht den vier Liverpoolern zuvor die Frisur zerschnitten hatte und der Star-Club-Manager die Jungs so nicht auftreten lassen wollte. Also bat er «seinen Friseur» Harry Wolter, den Verschnitt auf den Köpfen von John, Paul, George und Ringo in Fasson zu bringen. Das Ergebnis waren die legendären Pilzköpfe. «Hier saßen die Beatles Ende 1961 …», hat Fascher auf den alten Friseurstuhl im Keller geschrieben. Ob es so war, wer weiß das schon. Aber diese Geschichten sind schön. Und man hört sie eben nur auf St. Pauli … aber leider immer seltener.

«Ich sollte deinem Vater den Nacken massieren», erzählt Ute, die gerade nichts zu tun hat, «das war auch damals Teil des Services. Ich war ein Teenager, klein und zierlich, ein Strich in der Landschaft. Und dein Vater, weißt du ja selber, der war ein richtiger Bär. Ich weiß gar nicht, ob der überhaupt etwas gemerkt hat. Aber am Ende sagte er ‹Gut gemacht!› und gab mir 10 Mark Trinkgeld, das war richtig viel.»

«Dakota-Uwe war einer meiner liebsten Kunden», sagt Franz, «er rief Weihnachten immer an, sagte: ‹Franz, gib den Mädels mal je 100 Mark, ich geb dir das später.› Er war immer sehr großzügig.» Dann erinnert mich Franz an eine Geschichte, die uns beide so zum Lachen bringt, dass er das Rasiermesser kurz absetzen muss. «Weißt du noch, Charly, du warst 10 oder 11 und wolltest einen echten Minipli-Haarschnitt haben. Und zwar genauso einen wie Wilfrid, darauf hast du Wert gelegt. Wir haben dich dann mit Lockenwicklern bestückt – und am Ende warst du ganz enttäuscht, ein bisschen sahst du aus wie der Box-Promoter Don King, deine Haare standen in alle Richtungen ...» Oh Mann, ich weiß es noch wie heute. Der Gang in die Schule am nächsten Tag war die Hölle, im Augenwinkel sah ich die anderen Kids, wie sie lachten und mit dem Finger auf mich zeigten.

Franz und Ute wirken heute wie die Letzten ihrer Art auf St. Pauli. Sie sind Teil dieser immer kleiner werdenden Kiez-Familie, die wie aus der Zeit gefallen scheint – aus der vermeintlich goldenen Zeit dieses absonderlichen Stadtteils, der immer schon Projektionsfläche für ein Leben war, das sich von dem im Rest der Stadt unterschied. Hier, wo sich das vielfarbige Geflimmer der Neonschriften im oft regennassen Straßenbelag spiegelt, träumte die Schulabbrecherin von einer Modelkarriere, um dann nackt auf der Drehscheibe einer Peepshow zu landen. St. Pauli war schon immer Licht und Schatten. Abseits der neonbestrahlten Partymeile, in der Schmuckstraße zum Beispiel, roch es stets penetrant nach Urin.

Das St. Pauli von heute ist eine andere Welt, in der sich keine Zuhälterbanden mehr blutige Kriege liefern, in der weniger Frauen ausgebeutet werden, weil Sexarbeit legalisiert wurde. Fortschritte, die niemand missen möchte. Doch verloren hat St. Pauli etwas von seiner urban gewachsenen Wärme, geprägt von den einfachen Menschen, die hier aufgewachsen sind, ihren Geschäften nachgehen, ein einzigartiges soziales Miteinander pflegen. Ich weiß auch, dass das «Phantomschmerzen» sind, denn immer schon beweinte eine Generation, die diese Bühne verließ, den Ausverkauf oder den Untergang St. Paulis. Das war schon zu Zeiten von Hans Albers so. Eine neue Generation prägte die Meile und erfand den Amüsierbezirk neu.

Das St. Pauli von heute ist Hamburgs Touristenmagnet, geprägt von modernen Musiktheatern, Geschäftsgebäuden, angesagten Clubs und neuen, teuren Loftwohnungen. Ja, das Leben auf St. Pauli ist teuer geworden. Auch die Nächte. Die Kneipen mit den vergilbten Gardinen, in denen deutsche Schlager in Endlosschleife liefen, wo die Knolle Astra für unter einer Mark über den Tresen ging, sie sucht man heute vergeblich. Traditionelle Kneipen wurden zum «Kult» erklärt, stellten DJs ein und verlangten Eintrittsgeld. St. Pauli ist angesagt. Und das ist allemal besser als das Gegenteil.

Ute und Franz sagen, Dakota-Uwe wäre zufrieden und sogar ein bisschen stolz, wenn er meine kleine Familie heute sehen würde. Ich weiß, dass das kein so dahingesagter Spruch ist. Wir leben das, was er nie zu leben vermochte, wonach er sich aber stets sehnte: ein ganz normales Leben. Viele würden es langweilig nennen. Der im Jahr 2000 geborene Niklas macht eine Ausbildung zum Klempner, ich bin Gastwirt, Karina arbeitet in einem Sanitärgroßhandel. Ich zahle brav meine Steuern, ich habe mich strikt an die Auflagen gehalten, wir leben nicht über unsere Verhältnisse. Wir haben ein kleines Auto, eine gemietete Wohnung in Altona, wir machen einmal im Jahr Urlaub. Anders als mein Vater habe ich nie vom großen Geld geträumt. Weil ich weiß, dass ich mir damit zwar vieles kaufen kann, eins aber nicht: Glück und Zufriedenheit.

Als glücklich und zufrieden würde ich auch das Leben meiner Mutter bezeichnen. Der Tod meines Vaters war eine Zäsur in ihrem Leben. Bereits während der Monate in Haft musste sie lernen, auf eigenen Beinen zu stehen – sie, die Frau, die an Papas Seite wie in einem goldenen Käfig lebte. Um es kurz zu sagen: Sie schaffte es. Mama erfand sich neu. Auf verschlungenen Pfaden hatte er ihr etwas Geld hinterlassen, welches der Fiskus nicht konfiszieren konnte. Als Fundament für ein neues Leben reichte das aber nicht.

Ein halbes Jahr nach Papas Tod reiste sie für mehrere Monate in die Karibik. Der Kontakt zu Freunden meines Vaters ging allmählich verloren, Mitte der 90er Jahre sagte sie auch Hamburg Lebewohl, zog nach Bremerhaven. Im Restaurant von Freunden arbeitete sie als Bedienung, baute sich ein neues Leben auf. Mehrfach meldeten sich

Freunde meines Vaters bei mir im «Lütt Döns», sie suchten den Kontakt zu meiner Mutter. Ihr Interesse, zumal an solchen Männerbekanntschaften, war begrenzt.

Die Distanz zu Hamburg, zu St. Pauli, dessen Kind sie ja war, tat ihr gut. Sie blühte auf. Alle zwei Jahre reiste sie für mehrere Monate nach Australien in die Nähe von Sydney, dort lebte ihre Halbschwester – das Kind ihrer viel zu früh gestorbenen leiblichen Mutter Anna Maria und ihres Stiefvaters Harry Preuß. Vor wenigen Jahren begegnete sie einem ehemaligen Nachbarsjungen und Schulfreund aus St. Pauli wieder, einem sehr kultivierten, gebildeten und freundlichen Mann. Beide verbringen viel Zeit miteinander. Viele Zeugnisse ihres alten Lebens, darunter auch der Abschiedsbrief meines Vaters, wurden ihr bei einem Wohnungseinbruch in Bremerhaven aus dem Tresor gestohlen, was den Bruch mit ihrer Vergangenheit zusätzlich zementierte. 78-jährig lebt sie heute ein bescheidenes, glückliches Leben als Rentnerin. Sie malt, vor allem Landschaften und Blumen, gönnt sich mit ihrem Lebensgefährten gelegentlich eine bezahlbare Reise und vermisst auch nicht, dass mit Gummiband zusammengehaltene Geldbündel aufs Fensterbrett über dem Heizkörper fliegen.

Bildnachweise